MONSTROS DA VIDA REAL

OS 15 SERIAL KILLERS MAIS DOENTIOS DA HISTÓRIA

SERGIO SEPÚLVEDA

MONSTROS DA VIDA REAL

OS 15 SERIAL KILLERS MAIS DOENTIOS DA HISTÓRIA

TRADUÇÃO
UBK Publishing House

© 2019, Sergio Sepúlveda
2020, Latin American Rights Agency – Grupo Planeta
Copyright da tradução © 2020, Ubook Editora S.A

Publicado mediante acordo com Editorial Planeta Mexicana, S.A. de C.V.
Edição original do livro, *Monstruos de la vida real: los 15 asesinos seriales más difíciles de creer*, publicada por Editorial Planeta Mexicana, S.A. de C.V.

Todos os direitos reservados. Nenhuma parte deste livro pode ser utilizada ou reproduzida sob quaisquer meios existentes sem autorização por escrito dos editores.

COPIDESQUE	William Bastos
REVISÃO	Adriana Fidalgo | Isis Pinto
ADAPTAÇÃO DO PROJETO GRÁFICO E DIAGRAMAÇÃO	Bruno Santos
DESENHO DOS PERSONAGENS	Emilio Romano
CAPA	Genoveva Saavedra
IMAGEM DE CAPA	Shutterstock / basel101658 (pássaro), Far700 (martelo), KHIUS (corvo)

Dados Internacionais de Catalogação na Publicação (CIP)
(Câmara Brasileira do Livro, SP, Brasil)

Sepúlveda, Sergio
  Monstros da vida real : os 15 serial killers mais doentios da história / Sergio Sepúlveda ; tradução UBK Publishing House. -- 1. ed. -- Rio de Janeiro : Ubook Editora, 2020.

  Título original: Monstruos de la vida real
  ISBN 978-65-87549-57-6

  1. Assassinos 2. Assassinos - Biografia 3. Literatura espanhola I. House, UBK Publishing. II. Título.

20-41024   CDD-863

Ubook Editora S.A
Av. das Américas, 500, Bloco 12, Salas 303/304,
Barra da Tijuca, Rio de Janeiro/RJ.
Cep.: 22.640-100
Tel.: (21) 3570-8150

Dedico este livro a você, que sempre me apoiou na TV, no rádio e nas revistas onde trabalhei. Sou privilegiado por sua disposição para ouvir as histórias que gosto de contar. Obrigado.

Mais do que fã, você é família.

Sem você, nada; com você, tudo.

SUMÁRIO

Albert Fish - **8**
Albert Henry DeSalvo - **16**
David Berkowitz - **30**
Dennis Nilsen - **40**
Donato Bilancia - **48**
Ed Gein - **58**
Edmund Kemper - **70**
O Assassino do Torso - **82**
O Assassino do Zodíaco - **90**
Dennis Rader - **104**
Jack, o Estripador - **118**
Goyo Cárdenas - **130**
Ted Bundy - **142**
Robert Pickton - **162**
Richard Ramírez - **170**

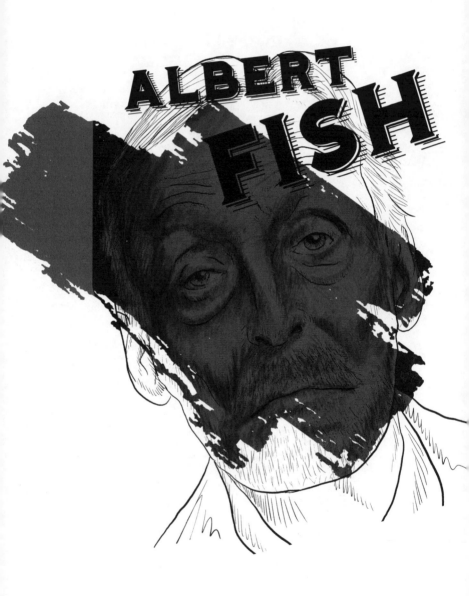

O Lobisomem de Wysteria

Quinta-feira, 16 de janeiro de 1936. Pouco antes das 23h, sete guardas e o pároco da prisão Sing Sing, em Nova York, Estados Unidos, escoltavam um homem que não completaria 66 anos, pois, naquela noite, morreria na cadeira elétrica, um dispositivo mortífero apelidado de Old Sparky. O homem era Albert Fish, que passou seu último dia no "salão de festas", uma cela conectada à câmara de execução por um corredor chamado Last Mile.

Albert Fish caminhou sem hesitar até o fim. Na sala da morte, o diretor do presídio, o prefeito, dois médicos, um eletricista e doze testemunhas selecionadas pelo Estado o aguardavam. Como qualquer condenado, Fish pôde dizer suas últimas palavras, minutos antes de o interruptor ser acionado. Albert aproveitou aquele momento e confessou: "Ainda não sei o que estou fazendo aqui."

Havia razões suficientes para que o famoso Lobisomem de Wysteria se sentasse naquela cadeira e recebesse ao menos duas descargas elétricas de dois mil volts cada. Assim abrimos o arquivo sobre este *serial killer*.

O DESPERTAR DA BESTA

Albert Fish nasceu em 19 de maio de 1870, uma quinta-feira. Os pais o batizaram como Howard Hamilton Fish. Quando tinha apenas cinco anos, o pai morreu de ataque cardíaco, deixando a jovem esposa sozinha. A mulher não teve outra escolha senão abandonar o pequeno Howard em um orfanato. Anos mais tarde, o menino tomaria o nome do irmão falecido, Albert, para si.

No internato, Albert Fish sofreu zombarias, castigos, espancamentos e várias humilhações que marcaram profundamente sua personalidade. A mãe retornou para buscá-lo quatro anos depois; voltou por seu filho, mas não foi o mesmo Fish que levou para casa.

Aos nove anos, Albert deixou a instituição sem a inocência de outrora. No orfanato, os responsáveis por cuidar e orientar crianças como ele, na verdade, as torturavam. No caso do menino, os traumas originaram parafilias[1] que, com a idade, atingiriam patamares monstruosos.

A vida sexual de Fish começou aos doze anos, quando se envolveu com um garoto mais velho. Aos vinte anos, já estava metido com prostituição. O mal não era usar o próprio corpo como moeda de troca, mas adotar uma prática perversa: abusar de menores de idade.

CHICOTADAS NO MONSTRO

Um dos castigos mais frequentes no orfanato, segundo Albert Fish, era o açoite de corpos nus. Os golpes, que marcavam a pele, faziam as outras crianças chorarem. Todas, menos ele. O futuro assassino encontrava prazer na própria dor e em escutar os gritos dos colegas, um prelúdio de sua carnificina.

---

1. Parafilia é o distúrbio sexual caracterizado pela preferência ou obsessão por práticas sexuais socialmente não aceitas ou criminosas.

Modus operandi

Fish largou a prostituição para se tornar pintor. O trabalho era um artifício para abusar de crianças, as quais estuprava no porão de suas casas. Ele agia de duas formas: procurava por crianças de famílias pobres, que dificilmente o denunciariam, e se mudava constantemente. Assim, viajou por muitas cidades norte-americanas e estuprou um número superior a cem crianças, embora só tenha reconhecido três atos brutais.

O histórico do estuprador

O desequilíbrio mental de Albert Fish não era fruto apenas dos maus-tratos que sofreu na época do orfanato. Em seu histórico familiar, há diversos casos de transtornos mentais. O irmão, por exemplo, foi internado em um hospital psiquiátrico.

A mãe de Albert começou a perceber seu desvio, mas não o abandonou. Pelo contrário, planejou uma forma de fazê-lo regressar aos bons costumes: engendrou seu casamento com Mary Hoffman, de dezenove anos, oito a menos que Fish.

Como se a possibilidade de começar uma família fosse uma terapia transformadora, Albert casou-se e teve seis filhos. Algumas versões da história contam que Fish viveu, durante muitos anos, como um homem normal, mentalmente são em aparência; mas, na verdade, a família servia de fachada para os estupros que ele continuava a cometer, além do sadomasoquismo praticado com amantes, longe de casa.

Em certa ocasião, Albert iniciou uma relação sadomasoquista com um garoto de dezenove anos chamado Thomas Kedden. Eles foram vistos na casa em que Fish morava enquanto trabalhava na cidade de Wilmington, em Delaware. O caso se tornou cada vez mais violento. Um dia, Albert levou Thomas para uma fazenda, onde cortou metade do pênis do rapaz; pretendia matá-lo, esquartejar o corpo e sumir com os membros, mas se arrependeu. Em vez disso, tratou a ferida de Thomas, deu-lhe uma pequena quantia em dinheiro e pegou um trem para voltar à família. Durante a viagem, Fish lembrou-se da dor no rosto de Thomas, com os olhos saltados típicos de um homem que apresentava algum distúrbio mental. Albert se regozijava com essas lembranças enquanto fingia ser um homem de família.

O casamento durou ainda algum tempo, de 1898 a 1917, ano em que a esposa de Fish o abandonou. Anna fugiu com outro homem, deixando Albert e os seis filhos, ou melhor, abandonando os seis filhos com um pai execrável.

O PRAZER DA DOR

Não há registro de que Albert Fish tenha estuprado os filhos, mas ele os envolveu em atos sádicos. O assassino, também apelidado de o Vampiro do Brooklyn, tinha um bastão cravejado de pregos, utilizado para se autoflagelar, pois a dor lhe trazia prazer sexual. Albert alcançava o orgasmo a cada série de golpes, um clímax para cada mutilação. Às vezes ordenava que os filhos lhe golpeassem nas nádegas com um remo, também repleto de pregos.

O LOBISOMEM-VAMPIRO

O abandono de Anna não causou nenhum efeito marcante no comportamento de Fish; afinal, havia sido abandonado muito jovem e passado pela mesma solidão durante toda a vida. Albert sempre procurou conforto na própria dor. Uma de suas práticas favoritas era espetar agulhas no corpo e perfurar a virilha e o abdômen com objetos pontiagudos. Em seu arquivo policial, há um raio-X que revelou cerca de 29 agulhas inseridas na pélvis; espigões internos que excitavam o monstro.

Sua mente distorcida o levou a caçar crianças, de preferência deficientes mentais e negras, pois acreditava que ninguém se importaria o bastante com elas para denunciá-lo e prendê-lo. Além disso, em sua psicose, estava certo de que Deus ordenava que ele as torturasse até a morte e, em seguida, mutilasse seus corpos.

Em 11 de julho de 1924, Albert Fish estava prestes a atacar Beatrice Kiel, de oito anos, que brincava sozinha. O assassino quis chamar a atenção da menina oferecendo-lhe dinheiro, mas a mãe chegou a tempo de salvá-la. Beatrice teve sorte, mas não se pode dizer o mesmo de Francis McDonell, Billy Gaffney e Grace Budd.

Em 15 de julho de 1924, poucos dias após abordar Beatrice, Albert Fish assassinou Francis McDonell, de nove anos. O relato do acontecimento mostra que Fish afastou Francis dos amigos com quem o menino brincava na ocasião e levou-o a uma floresta, onde o estuprou e asfixiou. Em seguida, abriu o abdômen e as pernas da criança, além de lacerar parte da carne localizada acima do joelho esquerdo. Fish estava prestes a mutilar a genitália do menino quando ouviu alguém se aproximar. Fugiu após deixar o cadáver de Francis pendurado em uma árvore. Um lobisomem que se alimentava de crianças estava à solta.

Quase três anos depois, em 11 de fevereiro de 1927, ele sequestrou o pequeno Billy Gaffney, de quatro anos, no Brooklyn, Nova York. Albert o levou à força para uma casa abandonada, onde arrancou as roupas do garoto, amarrou suas mãos e seus pés e o amordaçou. Fish deixou Billy ali, sem chance de escapatória. No dia seguinte, por volta das 14h, voltou para terminar o que tinha começado. Primeiro, açoitou as nádegas de Billy até que ficassem em carne viva. Depois, cortou as orelhas e o nariz, arrancou os olhos e rasgou as bochechas da criança de orelha a orelha. Billy sangrou até a morte.

O Vampiro do Brooklyn, então, desmembrou o corpo da criança e jogou algumas partes em um canal de esgoto. Fish levou o resto dos membros para casa com o intuito de comê-los. O cozinheiro do inferno estava na Terra, e seu apetite era insaciável. Seus instrumentos de trabalho eram uma faca, um cutelo e um pequeno serrote, afiadíssimos.

Quinze meses se passaram. Em 25 de maio de 1928, Albert Fish viu o anúncio de um homem que procurava emprego. Com o endereço de Edward Budd em mãos, Fish foi até ele com a intenção de matá-lo. Albert se apresentou como um fazendeiro e ofereceu uma ocupação a Budd, mas não entrou em contato durante um tempo. Voltou a falar com Edward vários dias depois da proposta. Quando chegou a sua casa, conheceu a menina Grace Budd, de dez anos.

A habilidade de mentir do *serial killer* coincidiu com a esperança de Edward de conseguir um emprego. Foi assim que Fish convenceu o casal Edward Budd e Delia Flanagan a deixá-lo acompanhar Grace à festa de aniversário de uma suposta sobrinha. Os pais nunca mais viram a menina, porque o Lobisomem a levou para uma casa abandonada em Wysteria Cottage. Lá, ele a estrangulou e a devorou.

A CAÇA AO LOBO

Os anos se passaram. A loucura colocou Fish entre o remorso e o atrevimento. O tormento por ter matado a pequena Grace o assolava, mas a lembrança do assassinato causava-lhe prazer. Em seus delírios, chegou a enviar uma carta cruel para a mãe da garota, na qual mencionava todos os detalhes de como havia estrangulado sua filha. Na carta, Fish escreveu que, após sufocar Grace, desmembrou seu corpo em diversos pedaços para que pudesse levá-los para casa, onde se alimentou com a carne durante nove dias. O sádico esclareceu ainda que não havia estuprado a menina: "Ela morreu virgem."

A carta, cuja leitura não é recomendada a nenhum pai ou mãe, foi escrita em uma folha de papel timbrado com o emblema de uma associação de caridade. Aquela foi a pista que levou a polícia à casa de Albert Fish, que se defendeu com uma faca quando as autoridades chegaram para prendê-lo. O monstro, à época com 65 anos, pouco pôde fazer e acabou sendo preso.

O julgamento de Fish começou em 11 de março de 1935. Sua defesa alegou insanidade. O assassino declarou que a voz de Deus o incitava a matar crianças. Após dez dias de julgamento, o réu reconheceu apenas três crimes. Diferentes psiquiatras apresentados pela acusação testemunharam que, embora Fish apresentasse muitos distúrbios sexuais, como voyeurismo, sadismo, masoquismo, exibicionismo, canibalismo, coprofagia, pedofilia, entre outros, o réu tinha a capacidade mental de diferenciar o bem do mal.

Albert Fish foi condenado e sentenciado à cadeira elétrica. Sua execução foi igual à de qualquer outro acusado: morreu três minutos após entrar na sala, sem o perdão das vítimas ou da própria consciência.

CADEIRA ELÉTRICA

Em 1886, Harold P. Brown, funcionário da empresa do renomado inventor Thomas Alva Edison, foi contratado para desenvolver uma alternativa mais *humana* que o enforcamento para a execução de presidiários no corredor da morte. Brown desenvolveu um sistema usando a corrente alternada e o testou em um elefante. Em agosto de 1890, o assassino William Kemmler foi o notório primeiro cliente da invenção de dois mil volts de morte certa.

O Estrangulador de Boston

Dizem que nada nesta vida é coincidência, mas a própria vida nos faz suspeitar que há alguém que escreve partes da história com um certo sarcasmo, ironia, acidez e detalhes surpreendentes. Todos os anos, no dia 25 de novembro, comemora-se o Dia Internacional para a Eliminação da Violência contra as Mulheres, uma data essencial para bradar #NemUmaAMenos até que a agressão contra mulheres cesse em todos os países. Mas essa data também coincide com a morte de um dos estupradores mais famosos da história dos Estados Unidos: Albert DeSalvo.

Eram 7h de domingo do dia 25 de novembro de 1973 e os guardas da prisão de segurança máxima de Walpole (atualmente chamada de MCI-Cedar Junction, ou Centro de Detenção de Massachusetts), uma das mais violentas do país nos anos 1970, faziam a ronda matinal quando encontraram o corpo ensanguentado de Albert DeSalvo. Conta-se que ele foi executado por vender drogas a um preço inferior ao estabelecido pelos traficantes da penitenciária, mas o caso nunca foi esclarecido. O culpado pelo assassinato do Estrangulador de Boston, que recebeu dezesseis facadas, seis delas no coração, jamais foi indiciado. Foi assim que morreu DeSalvo, mas não sua lenda deturpada. Ele confessou o assassinato de treze mulheres. No entanto, as autoridades, sua família e a de várias vítimas suspeitavam que ele não era o verdadeiro criminoso, mas que tinha assumido a culpa para lucrar com os direitos da história para a produção de um livro e de um filme. Veremos a seguir o arquivo do Estrangulador de Boston.

INFÂNCIA VIOLENTA

Albert DeSalvo nasceu em 3 de setembro de 1931, uma quinta-feira, em Chelsea, Massachusetts, em uma casa onde espancamentos e abuso psicológico faziam parte de sua rotina, bem como da de seus quatro irmãos e de sua mãe, Charlotte. O pai de Albert, Frank, era alcoólatra, fator que agravava as agressões. Charlotte sofria maus-tratos constantemente. Segundo relatos, Frank certa vez arrancou todos os dentes da esposa (alguns dizem que um por um, outros falam em uma sequência de socos). E não era somente isso: Frank DeSalvo levava prostitutas para casa e obrigava Albert, de apenas sete anos, a assistir enquanto mantinha relações sexuais com elas. Violência e sexo foram dois dos principais ingredientes que fundamentaram a personalidade de Albert.

Entre todas as atrocidades daquela família disfuncional, Albert e a irmã se viram arrastados para a fazenda de um conhecido de Frank que, sem dinheiro, decidiu alugar os filhos como escravos. Você consegue imaginar o significado de tal atitude para uma criança? Some a isso todos os abusos físicos e sexuais sofridos pelos irmãos nas mãos do fazendeiro.

Albert e a irmã voltaram para casa após alguns meses, mas nada mudou. Pelo contrário: Frank decidiu treinar o filho para praticar crimes. Albert, então, começou sua carreira criminal pressionado pelo pai para conseguir dinheiro e disposto a sobreviver à brutalidade do homem.

HERÓI

Conforme crescia, Albert DeSalvo aumentou seu registro criminal. Aos doze anos, cometeu o primeiro assalto, mas os crimes que o levaram à prisão foram menores: furto e desordem. Ele entrava e saía do reformatório. Foi assim que passou a juventude até ingressar no exército, em 16 de setembro de 1948, carreira que o levou para a Alemanha, em 1949. Os cinco anos que passou no país foram tranquilos: apesar de alguns relatos de desobediência, teve reconhecimento. Naquela época, aprendeu boxe e até mesmo se tornou campeão europeu peso médio do exército.

O PODER DO AMOR

O amor bateu à porta de Albert quando ele conheceu a jovem Irmgard Beck, uma menina de classe média de família católica, com quem se casou. Será que o amor seria capaz de mudar o destino de um homem inclinado a ser o mais diabólico de todos? Por um momento, sim.

Com o casamento, DeSalvo passou a se dedicar a Irmgard, porque não queria que ela se sentisse como sua mãe. Casado e feliz, Albert voltou para os Estados Unidos em 1954. Um ano depois, a família cresceu com a chegada da primeira filha, Judy, que infelizmente nasceu com uma deformidade nos quadris que a tornou dependente de um aparelho. Aquilo afetou a relação entre Irmgard e Albert, pois DeSalvo passou a sentir-se culpado pela condição da filha. Irmgard estendeu o conflito para a intimidade, pois considerava Albert tão *libidinoso* que beirava o doentio, o que a deixava desconfortável. DeSalvo, entretanto, engravidou Irmgard novamente, e eles tiveram um filho, a quem deram o nome de Michael. Naquela época, a família vivia em Chelsea, cidade natal de Albert, que já havia se aposentado do exército.

APETITE SEXUAL

O desemprego levou DeSalvo a cometer vários crimes, tais como invasão, delito pelo qual foi preso diversas vezes. Ao mesmo tempo, seu apetite sexual não diminuía, então ele procurou satisfazê-lo de formas proibidas. Certo dia, decidiu seguir o exemplo de um fotógrafo que trabalhava como "olheiro" de um programa de televisão e oferecia a jovens mulheres a possibilidade de seguir a carreira de modelo. DeSalvo imitou o ofício. Costumava visitar áreas estudantis das universidades de Boston, batendo à porta das alunas; quando o recebiam, ele as enganava dizendo que era representante de alguma empresa. O falso fotógrafo tirava as medidas de algumas, e outras foram até mesmo seduzidas.

Albert nunca estuprou nenhuma. Porém, as garotas, que não receberam qualquer retorno sobre a carreira de modelo, denunciaram o modus operandi de DeSalvo, que acabou sendo preso em 1961. Ele foi detido por onze meses por crime de lascívia e, em 1962, recuperou a liberdade. Será que juízes ou policiais não suspeitaram de que Albert tivesse o potencial para se tornar um monstro? Dificilmente.

SAUDADES DA MÃE

A besta se libertou. Os estupros começaram em 14 de junho de 1962. Pouco antes das 20h, Juris Slesers entrou no apartamento da mãe, Anna Slesers, e a encontrou caída na cozinha. Anna, de 55 anos, estava nua; seu rosto estava coberto com um pano, e, enrolado em seu pescoço, o cinto do roupão. Tudo indicava que a mulher tinha aberto a porta para um ladrão quando estava prestes a entrar no banho. O homem a estuprou e roubou alguns de seus pertences.

Catorze dias depois, em 28 de junho, foi a vez de Mary Mullen, de 85 anos. Mary morreu *supostamente* pelas mãos de Albert DeSalvo. O homem, anos depois, diria aos investigadores que não a havia estrangulado; segundo ele, Mary morreu em seus braços, sentada no sofá e em paz. Na verdade, a autópsia revelou que a idosa perdeu a vida por conta de um ataque cardíaco. Um médico supôs que ela não tivesse aguentado o horror.

Apenas 48 horas depois, em um sábado, 30 de junho de 1962, Nina Nichols, de 68 anos, foi encontrada morta por volta das 19h30. A porta de seu apartamento também não havia sido arrombada, e os objetos espalhados pelo chão sugeriam latrocínio. O corpo da mulher estava caído, o roupão puxado até a cintura; duas meias de nylon amarradas ao redor do pescoço. A sra. Nichols, uma viúva que vivia sozinha desde que havia perdido o marido, tinha sido atacada e estuprada com uma garrafa de vinho.

Dois dias depois, a polícia descobriu que, em outro apartamento, ao norte de Boston, Helen Blake, uma mulher de 65 anos, jazia morta. Helen foi estrangulada na própria casa, cujos móveis tinham sido revirados para forjar um assalto. O corpo foi encontrado na cama, de bruços, nu da cintura para baixo e com uma meia de nylon e um sutiã em volta do pescoço. Helen não havia sido violentada sexualmente. A vizinha do apartamento de baixo relatou aos investigadores que, no dia 30 de junho, ou seja, a mesma data da morte de Nina Nichols, ela tinha ouvido os móveis serem arrastados, mas pensou que a vizinha estivesse apenas fazendo uma faxina.

A polícia emitiu o alerta de que um *serial killer* estava à solta; um criminoso que agia sempre da mesma forma. Alguém que havia matado duas idosas no mesmo dia, aproveitando-se da ingenuidade e da fraqueza das mulheres. Um assassino que ficaria conhecido como o Estrangulador de Boston.

Em 19 de agosto de 1962, a sra. Ida Irga, de 75 anos, foi atacada na casa onde morava havia cinco anos. A família tentou entrar em contato diversas vezes e, sem notícias, decidiu procurá-la. Na casa, a primeira coisa que os familiares encontraram foi o corpo da idosa com as pernas abertas. O assassino a despiu, deitou-a no chão e deixou as partes íntimas à mostra com a ajuda de duas cadeiras, como se a mulher estivesse em uma consulta ginecológica. Ida foi estuprada e sufocada com uma fronha. Os investigadores apontaram que a posição do corpo, na linha de visão de quem entrasse, parecia uma zombaria, uma provocação direta.

Dois dias depois, em 21 de agosto, uma enfermeira que trabalhava no turno da noite do Hospital Longwood foi encontrada sem vida. Ela morava sozinha, como as outras vítimas da lista. Havia acabado de completar 67 anos; seu nome era Jane Sullivan. Quando a polícia chegou ao local, deduziram que já estava morta havia dias. O assassino deixou Jane ajoelhada na banheira, de bruços, com as calças abaixadas e, no pescoço, a marca registrada: duas meias de nylon, usadas para asfixiá-la.

Àquela altura, a polícia já trabalhava com um grupo de detetives de diversos campos e competências. Os psiquiatras alegaram que o *serial killer* sentia ódio pela mãe e, por isso, escolhia vítimas idosas. A mídia acompanhou os eventos e chegou a disseminar medidas preventivas para frear o avanço do Estrangulador. Após várias semanas sem qualquer notícia, a sociedade estava otimista de que o assassino havia parado de matar. Havia uma tranquilidade tensa no ar, uma certeza comedida que duraria até o mês do Natal.

Mudança de rumo

Quarta-feira, 5 de dezembro do fatídico ano de 1962. O corpo de Sophie Clark estava virado para cima. Os olhos, abertos e imóveis, pareciam observar sonhos que desvaneciam; sonhos despedaçados pela violência de um intruso em sua casa. As roupas de Sophie estavam rasgadas; a cinta-liga e as meias pretas da garota de vinte anos não tinham mais um apelo sensual, mas sórdido. A blusa florida que ela havia escolhido para ir à escola naquele dia já não era tão bonita. O sutiã de Sophie estava rasgado, e os pulsos, abertos. Sophie foi estrangulada com uma anágua e uma meia enroladas no pescoço. Ela foi a primeira vítima jovem do Estrangulador, e a única negra. Com seu assassinato, os investigadores encararam a incerteza, pois o padrão mudara. Além disso, o criminoso, por descuido ou de propósito, deixou uma pista para os investigadores: sêmen no tapete.

Antes do fim do ano, o Estrangulador de Boston atacou novamente. Em 31 de dezembro, Patricia Bissette não apareceu ao trabalho, onde era recepcionista. Seu chefe entrou em contato com a síndica do prédio onde a jovem morava. Ao entrar em sua casa, perceberam que Patricia não mais acordaria.

Foi fácil deduzir que ela havia sido abusada sexualmente e estrangulada em seguida, mas o detalhe macabro estava no nó em seu pescoço. O Estrangulador, que parecia encontrar prazer no bizarro, atou quatro peças de roupa para acabar com a vida de Patricia. Primeiro, ele amarrou uma blusa em sua garganta; em seguida, uma meia de nylon e, sobre a peça, mais duas meias, formando uma espécie de torniquete de pano. Patricia tinha 23 anos e estava grávida de um mês.

Após o último golpe do Estrangulador, a sociedade ficou muito abalada. Não que os casos das idosas não tivessem importância ou que a morte das jovens não causasse espanto. Porém, o assassinato de uma mulher grávida eliminava qualquer indiferença, caso restasse alguma. Mais dois meses se passariam.

Sadismo gradativo

Quarta-feira, 6 de março de 1963. Logo no início daquele ano, o Estrangulador de Boston derramou mais sangue. Sua vítima seguinte, uma mulher de 69 anos, recebeu diversos golpes na cabeça e foi estuprada, estrangulada e apunhalada nos seios com um garfo que o assassino deixou fincado. Mary Brown foi morta com o ódio de alguém que queria feri-la até a alma.

Se você perdeu a conta, devo lembrá-lo de que foram nove assassinatos até agora. Faltam mais quatro. Tão sádicos, doentios, assustadores quanto os anteriores. *Quer continuar lendo?*

Sim, eu sabia.

Segunda-feira, 6 de maio. Beverly Samans, 23 anos, não compareceu ao ensaio do grupo de coral porque o Estrangulador chegou a sua casa antes disso. A jovem foi estuprada, mas Albert não ejaculou na vítima. Ela foi asfixiada, porém essa não foi a causa da morte. Beverly foi esfaqueada repetidas vezes: pelo menos quatro vezes no pescoço, doze no peito e cinco no pulmão esquerdo. Antes de cometer a barbárie, o criminoso atou as mãos de Beverly às costas com um lenço, amarrou echarpes de seda e uma meia de nylon ao redor do pescoço da menina e, para silenciá-la, enfiou em sua boca um pedaço de pano. Curiosamente, a tese de Beverly na universidade abordava distúrbios mentais.

A história continua.

Em 8 de setembro de 1963, a morte, disfarçada como um homem cuja catarse era a dor alheia, alcançou Evelyn Corbin, de 58 anos. A mulher tinha tomado o café da manhã com uma vizinha e aproveitaria o dia livre para pequenas incumbências. Iria à missa, depois almoçaria com a mesma vizinha, sua amiga. Às 13h, essa amiga bateu à porta de sua casa. Como Evelyn não atendia aos chamados, ela entrou no apartamento e gritou ao ver Evelyn morta sobre a cama. No pescoço, um colar mortal feito com duas meias. Evelyn tinha sido estuprada em seu dia de folga, e agora descansava em paz.

Era 22 de novembro de 1963, uma data marcante na história dos Estados Unidos: o dia em que o então presidente John F. Kennedy foi assassinado, na cidade de Dallas, Texas. O crime chocou o país e causou ainda mais comoção com a repercussão das imagens do atentado que vitimou um dos mais carismáticos líderes norte-americanos de todos os tempos. No entanto, havia alguém que continuava com o desejo de matar e de chamar a atenção para si mesmo, acima do luto nacional.

O corpo de Joan Graff, de 23 anos, foi encontrado no sábado, 23 de novembro, rígido, pálido, sem pulso e com o órgão sexual exposto. A blusa foi erguida até as axilas; duas meias de nylon, acompanhadas por um *collant* estavam amarrados em seu pescoço. Joan era uma pessoa exemplar: costumava dar aulas aos domingos e gostava de arte.

O ano de 1963 acabou, mas sobrava luxúria e ódio ao Estrangulador.

ESPELHO, ESPELHO MEU

Até então, havia milhares de páginas no arquivo do Estrangulador de Boston, mas nenhuma prova concreta que o levasse à prisão. Passaram-se meses até o assassino cometer um erro: não matar uma das vítimas.

Na terça-feira, 27 de outubro de 1964, um homem fingindo ser um detetive entrou na casa de uma jovem e se dedicou ao mesmo ritual: amarrou-a e estuprou-a. Enquanto asfixiava a mulher, viu, pela primeira vez, seu reflexo como um criminoso e se abalou. O Estrangulador pediu desculpas à garota e fugiu. A vítima chamou a polícia e forneceu características suficientes para um retrato falado que levou à prisão de Albert DeSalvo. Dezenas de mulheres o reconheceram. Suspeitas e relatos sugerem que, se Albert DeSalvo era, de fato, o Estrangulador de Boston, após o assassinato de Mary Sullivan cerca de trezentas mulheres sofreram com seus abusos.

Era sexta-feira, 6 de novembro de 1964, quando Albert DeSalvo foi preso e levado ao Hospital Bridgewater, na verdade, uma espécie de prisão, para observação. Até aquele momento, e até o fim de seus dias, ninguém jamais pôde acusá-lo de ser, de fato, o Estrangulador de Boston. Na época da prisão, Albert foi identificado como responsável apenas pelos abusos atribuídos ao *homem de verde*, pois ele usava um uniforme dessa cor para entrar nas casas de suas vítimas e agredi-las sexualmente.

FELIZ ANO-NOVO!

Em 4 de janeiro de 1964, as duas companheiras de quarto de Mary Sullivan chegaram do trabalho. Pensaram que ela estivesse dormindo, mas, ao perceberem que Mary não respondia aos chamados para jantar, entraram em seus aposentos. Ali, elas a encontraram sentada, com as costas apoiadas na cabeceira. As moças, aos gritos, chamaram a polícia, que confirmou que a jovem de dezenove anos havia sido asfixiada com duas meias de nylon e dois lenços. E não apenas isso: o Estrangulador a havia estuprado com uma vassoura e deixado uma placa em que desejava "feliz ano-novo" entre os dedos dos pés.

MEA CULPA

Quem foi o culpado pelas treze mortes atribuídas ao Estrangulador de Boston? Ninguém.

Quem confirmou que Albert DeSalvo era o assassino em série que usava meias de nylon para sufocar as mulheres solitárias em suas casas? Ninguém.

Ninguém além do próprio. Albert DeSalvo, e somente ele, reivindicou a responsabilidade pelas treze mortes que aterrorizaram Boston. Mas DeSalvo nunca foi julgado por esses assassinatos.

Então, por que ele acabou na cadeia, condenado à prisão perpétua? A versão resumida é a seguinte:

Foi dito que Albert DeSalvo descobriu que a recompensa por

informações que levassem à captura do Estrangulador era de dez mil dólares. Em um acordo com outro criminoso, George Nassar, que conheceu no Hospital Bridgewater, ele resolveu assumir a culpa. Nassar revelaria o acordo a seu advogado, que, por sua vez, diria às autoridades que DeSalvo havia confessado ser o Estrangulador de Boston.

O plano de Albert era conseguir a recompensa por meio do advogado de Nassar, dividi-la e salvaguardar a família financeiramente. DeSalvo não tinha medo de ser condenado à cadeira elétrica, pois alegaria problemas mentais.

A verdade é que, apesar de Albert DeSalvo ter se esforçado muito para detalhar cada um dos assassinatos das treze vítimas do Estrangulador, os investigadores nunca obtiveram provas satisfatórias para acusá-lo pela longa lista de crimes.

Após mais de dois anos de investigações, interrogatórios e confinamento, Albert DeSalvo foi levado a julgamento em 9 de janeiro de 1967, acusado de assalto à mão armada e atentado ao pudor. A defesa alegou *inocência* devido à insanidade. No dia 18 de janeiro, as deliberações foram encerradas, e o juiz o condenou à prisão perpétua.

DeSalvo foi levado ao Hospital Bridgewater, depois para uma prisão de segurança máxima. Antes de ser transferido, em 24 de fevereiro, Albert e dois prisioneiros escaparam, mas foram presos 36 horas depois, quando o próprio DeSalvo chamou seu advogado para buscá-lo. Os psiquiatras aceitaram que ele estava doente e precisava de ajuda, e por isso ansiava por atenção. Mas, em vez de receber ajuda, foi levado à prisão de Walpole, onde permaneceu até 25 de novembro de 1973, quando foi encontrado morto.

Os estranguladores

O que aconteceu com as investigações sobre o Estrangulador de Boston e Albert DeSalvo, principal suspeito dos crimes?

Com a prisão de DeSalvo, os assassinatos com esse *modus*

operandi cessaram, mas não havia provas para acusá-lo pelos crimes. Após sua morte, o processo permaneceu aberto, embora sem mais investigações.

Foi assim até 1995. Naquele ano, Casey Sherman, sobrinho de Mary Sullivan, a última vítima do Estrangulador, leu um livro intitulado *The Boston Stranglers*, cujo argumento era de que não havia apenas um assassino, mas vários imitadores. Casey perguntou à mãe sua opinião sobre o responsável pela morte da tia, e ela respondeu que estava convencida de que Albert DeSalvo não havia matado a irmã.

Casey Sherman entrou em contato com Richard DeSalvo, um dos irmãos de Albert, para pedir-lhe que trabalhasse com ele a fim de reabrir o caso, pois as fitas das confissões de Albert não coincidiam com os relatórios da autópsia.

Só em 2001 o corpo de Albert DeSalvo foi exumado para colher amostras de DNA e compará-las com as evidências da morte de Mary Sullivan. Não foi possível estabelecer uma correspondência, apenas a conclusão de que Albert não a havia estuprado; mas nada pode ser dito sobre se ele a matou ou não.

Entretanto, em julho de 2013, graças aos avanços nas técnicas forenses e na análise de DNA, um grupo de investigadores determinou com 99,9% de certeza que Albert DeSalvo tinha assassinado Mary Sullivan. Os investigadores revelaram que seguiram os passos do sobrinho de Albert DeSalvo por um tempo e, assim, colheram material genético de uma garrafa que ele havia jogado na rua. Do recipiente, os profissionais obtiveram amostras que, quando comparadas às armazenadas nos arquivos dos anos 1960, possibilitaram a conclusão de que Albert DeSalvo havia assassinado pelo menos Mary Sullivan, uma das treze vítimas do Estrangulador de Boston.

Albert DeSalvo era o Estrangulador de Boston? Talvez nunca tenhamos certeza, apenas uma eterna suspeita.

TESTES DE DNA

Os primeiros casos em que tais técnicas ajudaram a resolver uma série de crimes ocorreram no Reino Unido, em 1986. Houve dois feminicídios; um em 1983, outro em 1986. As características de cada um levavam a crer que o assassino era o mesmo. Um homem confessou culpa, mas seu perfil genético não coincidiu com as amostras de sêmen recuperadas. Um ano depois, um telefonema alertou a polícia. Finalmente, o padeiro Colin Pitchfork acabou confessando os crimes quando provas com seu material genético o incriminaram.

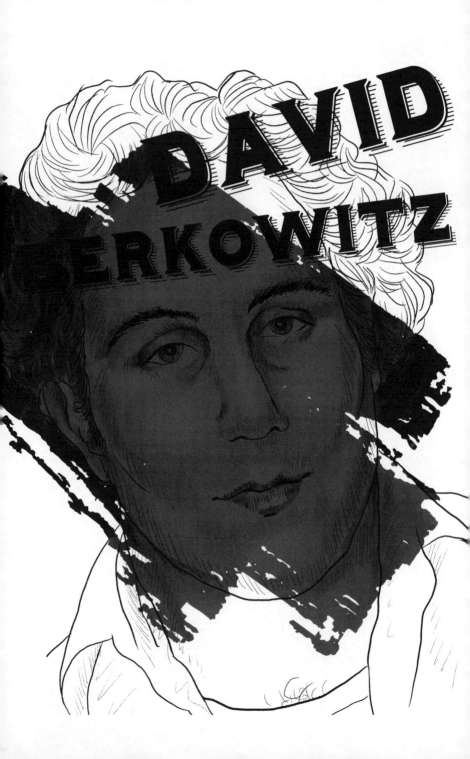

O Filho de Sam

É comum pensar que as penas que condenam um ser humano a muitos anos além de sua expectativa de vida são uma bênção para as vítimas e seus familiares, bem como uma espécie de túmulo para os criminosos, que se sentem enterrados vivos. De que outra forma seria possível descrever um veredito que condena uma pessoa a seis períodos de 25 anos ou à prisão perpétua? É o caso de David Berkowitz; ainda que milagrosamente se tornasse imortal, passados 150 anos, continuaria preso.

O que David Berkowitz fez para receber tal punição? Seu arquivo será aberto a seguir.

Adotando o diabo

David nasceu em 1º de junho de 1953. Sua mãe biológica chamava-se Betty Broder e o abandonou; felizmente para David, ele passou a morar na casa de Nat e Pearl Berkowitz, que o acolheram. No entanto, a infância do pequeno David, que era tímido e tinha baixa autoestima, não foi fácil.

A adolescência foi ainda pior, pois sua mãe adotiva desenvolveu câncer de mama e morreu quando ele tinha apenas catorze anos. Sim, David ficou órfão duas vezes na vida.

Antes de chegar à idade adulta, alistou-se no Exército dos Estados Unidos, ao qual, durante três anos, serviu honrosamente. Aos 21 anos, decidiu procurar a mãe biológica, e a encontrou.

O que David mais queria era encontrar respostas, e a mãe lhe explicou as razões pelas quais o deixou.

As respostas desejadas não ajudaram David, que se sentiu ainda mais desprezado. A ferida do abandono ficou latente em cada fracasso amoroso. Era como David se sentia; mas, logo, tudo mudaria.

O barulho de uma arma

No dia 29 de julho de 1976, em um bairro do Bronx, Nova York, duas moças conversavam dentro de um carro. O relógio marcava apenas alguns minutos depois da uma da manhã. As garotas voltavam de uma discoteca e falavam sobre a noite. Jody Valenti, dezenove anos, dirigia o veículo a caminho da casa de Donna Lauria, de dezoito anos. Donna se despediu e abriu a porta do carro; de repente, um homem abriu fogo contra as mulheres. Lauria morreu na hora. Jody levou um tiro na coxa. O assaltante escapou.

Em um sábado, 23 de outubro, Rosemary Keenan, de dezoito anos, e Carl Denaro, de vinte, conversavam dentro de um carro na área do Queens. O som do vidro estilhaçado os assustou, mas o pânico se instalou quando perceberam que estavam sendo alvejados. Rosemary, em um ato de coragem, ligou o motor para fugir dali. Foi atingida apenas por alguns cacos de vidro. Carl Denaro, porém, foi ferido por uma bala na cabeça. Felizmente, os médicos conseguiram salvar sua vida ao retirar o projétil de seu crânio.

Até aquele momento, os dois casos eram coincidência. Em ambos, os tiros foram disparados de uma arma calibre .44 contra veículos estacionados. A população de Nova York estava tensa.

MUDANÇA DE PLANOS

Sábado, 27 de novembro. Já passava da meia-noite quando Donna DeMasi, de dezesseis anos, e Joanne Lomino, de dezoito, voltavam do cinema. As duas amigas conversavam na porta da casa de Lomino, no Queens. De repente, foram surpreendidas por um homem que lhes pediu informações sobre como chegar a um endereço. Enquanto falavam, o desconhecido abriu fogo contra as duas. Depois disso, fugiu, atirando para o alto. Donna DeMasi levou um tiro no pescoço, mas sobreviveu. Joanne Lomino foi ferida nas costas. Ela também sobreviveu, mas ficou paraplégica.

Na madrugada do dia 30 de janeiro de 1977, domingo, John Diel, de trinta anos, e sua namorada, quatro anos mais nova, sem se preocupar com os tiroteios ocorridos no ano anterior em Nova York, e como se achassem que nada aconteceria a eles, conversavam dentro de um carro. O casal tinha saído do cinema e planejava seguir para uma discoteca. Pouco antes da uma da manhã, a fria temperatura da cidade aumentou para os dois quando ao menos três disparos atingiram o veículo. John não se feriu gravemente, mas as balas não encontraram resistência na cabeça de sua namorada, que morreu.

Em 8 de março, uma terça-feira, Virginia Voskerichian saiu da faculdade onde estudava. Ela seguia para casa por volta das 19h30, quando um homem a abordou apontando um revólver para seu rosto. Virgínia usou os livros como escudo. O homem não hesitou em puxar o gatilho à queima-roupa. A bala atravessou os livros e se alojou na cabeça da vítima, de dezenove anos. Outra do Assassino do Calibre .44.

Pouco depois de um mês, em 17 de abril, mais duas pessoas se depararam com a barbárie: Valentina Suriani, de dezoito anos, e Alexander Esau, de vinte. Enquanto se beijavam dentro de um carro, os vidros foram estilhaçados pelo impacto das balas, duas das quais atingiram Valentina, que morreu no local. Outras duas encontraram Alexander, que chegou a ser socorrido em um hospital, mas não resistiu aos ferimentos.

Eu mato

Sempre concordei com a frase "não há medo maior do que enfrentar uma folha de papel em branco", um dos maiores clichês para escritores. Pode um *serial killer* sentir o mesmo receio? Como será contar os próprios atos criminosos em uma carta? Seria parecido com o clímax de um orgasmo, o prazer proporcionado por uma barra de chocolate, a adrenalina ao praticar um esporte radical, receber dinheiro ilícito ou algo parecido?

Algumas linhas desta carta diziam o seguinte:

Eu sou o Filho de Sam. Sou um pouco malcriado.
Papai Sam me deixa trancado no sótão. Não consigo sair, mas olho pela janela e vejo o mundo passar.
Estou em uma frequência diferente dos outros. Além disso, sou programado para matar.
Para me impedir, você deve me matar.
Policiais, atenção: atirem em mim primeiro. Atirem para matar, ou então saiam do meu caminho. Do contrário, vocês é que morrerão.
Vivo para a caça. Esta é minha vida. Sangue para o papai. Sr. Borelli, não quero mais matar, senhor, não mais. Mas preciso.
À polícia, deixo estas palavras:
Eu voltarei!

ALVO IDENTIFICADO

A polícia suspeitava de que o atirador fosse a mesma pessoa devido ao calibre utilizado nos atos, e porque tudo indicava um padrão: mulheres jovens com cabelos longos e escuros.

ESCOLHA UM NOME

Sempre havia um cenário específico e o mesmo calibre envolvido, mas, em um dos crimes, havia um ingrediente a mais. O assassino, em um dos atos, deixou uma carta endereçada ao capitão Joseph Borelli, que liderava a operação Omega para capturar o *serial killer*. Na carta, o signatário autointitulava-se Filho de Sam.

CARTAS SANGRENTAS

Após analisar a carta, os psicólogos da polícia de Nova York determinaram que o Filho de Sam sofria de paranoia e esquizofrenia. No texto, o assassino também se disse possuído por um demônio. Porém, aquela não foi a única mensagem deixada por ele. Em 30 de maio de 1977, o colunista do *New York Daily News*, Jimmy Breslin, recebeu outra carta do responsável pelos assassinatos:

> *Me chame de Jim. Qual será a pauta até o dia 29 de julho? Me esqueça, se quiser. Não estou interessado em publicidade. No entanto, não se esqueça de Donna Lauria. Ela era uma garota muito, muito gentil, mas Sam é um menino sedento. Não vou parar de matar até que ele receba sua dose de sangue.*

A carta terminava da seguinte maneira:

> *P.S.: JB [Joseph Borelli]. Continue procurando, seguindo em frente. Pense positivo. Mexam suas bundas, comprem mais caixões... Prometo dar um par de sapatos a todos os garotões envolvidos no caso, se me capturarem. O Filho de Sam.*

A carta foi publicada pelo jornal uma semana depois, após um acordo com a polícia para manter algumas partes confidenciais.

O Filho de Sam afirmou que não queria atenção, mas deve ter gostado do impacto de seus crimes e de suas cartas. No entanto, ser famoso não era suficiente para um assassino sedento de sangue. Seria uma ameaça ao jornalista a pergunta sobre o que ele faria no dia 29 de julho? A data marcaria um ano desde o primeiro atentado, mas o crime seguinte aconteceu antes disso.

Domingo, 26 de junho. Sal Lupo, de vinte anos, e Judy Placido, de dezessete, estavam na entrada de uma discoteca por volta das três da manhã, ironicamente falando sobre os atos do Filho de Sam, quando três tiros atingiram seu carro. Placido foi ferida na têmpora direita, em um dos ombros e na nuca, enquanto Lupo foi baleado no antebraço direito. Ambos viveram para contar a história.

Com a aproximação do dia 29 de julho, a vigilância nas ruas aumentou. A área do Queens recebeu atenção especial. Entretanto, nada relacionado ao Filho de Sam aconteceu naquele dia. Dois dias depois, no entanto, o assassino atacou pela última vez.

Era um domingo, 31 de julho. Como em um filme de terror no qual os protagonistas se beijam e por isso são castigados pelo assassino, Stacy Moskowitz e Robert Violante foram alvejados por quatro tiros disparados de uma arma calibre .44. Stacy morreu no hospital. Já Robert sobreviveu, mas perdeu parte da visão.

Se este foi seu último crime, como o encontraram?

A MODA DA SOBREVIVÊNCIA

Algo curioso sucedeu àquela época: os relatos policiais passaram a informação de que os alvos do atirador tinham cabelos compridos e escuros. Por esse motivo, muitas nova-iorquinas decidiram mudar a aparência, fazendo com que as vendas de tintas e perucas aumentassem.

O FIM DOS TIROTEIOS

Após uma extensa investigação, foi uma multa de trânsito que levou a polícia até a casa de David Berkowitz. Na noite do incidente de 31 de julho, muitas testemunhas disseram que o atirador havia escapado em um carro amarelo. Outros relataram que o tinham visto em um Volkswagen sedan, um Fusca.

Assim, as autoridades iniciaram uma investigação sobre veículos dessa cor. Mas foi Cecilia Davis, que passeava com o cachorro momentos antes do assassinato de Stacy Moskowitz, que forneceu a pista derradeira para encerrar a investigação.

Ela viu um policial multar um carro estacionado próximo a um hidrante. Então um jovem passou por ela com um olhar desafiador no rosto. Cecilia Davis voltou para casa imediatamente, e logo em seguida ouviu os disparos. Alguns dias se passaram, mas Davis continuava suspeitando de que o homem que lhe havia lançado aquele olhar ameaçador tinha alguma relação com a multa, os atentados e os veículos procurados. Por isso, fez a denúncia.

A polícia localizou um Ford Galaxie amarelo, que havia sido multado na vizinhança do atentado. A multa estava em nome de David Berkowitz. A polícia saiu em seu encalço no dia 10 de agosto.

A sorte, que vem para quem trabalha arduamente, chegou para os detetives John Falotico e William Gardella, que, ao se aproximarem do esconderijo de Berkowitz, encontraram o Galaxie amarelo estacionado. Pelo vidro, era possível observar um rifle no banco de trás. Os investigadores decidiram esperar que David Berkowitz saísse do apartamento para não o alertar. Ao mesmo tempo, esperavam por um mandado para invadir a casa. Com a paciência de caçadores, os detetives aguardaram até 22h, quando Berkowitz saiu do prédio e entrou no veículo. Antes que o suspeito fugisse, os agentes lhe apontaram suas armas, um de cada lado, e ordenaram que ele se entregasse.

A CULPA FOI DO CÃO

O que Berkowitz disse quando foi pego? Há duas versões da história. Uma delas alega que os agentes perguntaram ao homem seu nome. David respondeu: "O Filho de Sam, David Berkowitz." Outra versão conta que Berkowitz perguntou ao detetive John Falotic: "Por que demoraram tanto?" Os oficiais concordaram que Berkowitz estava calmo e sorria cínica e desafiadoramente.

No dia seguinte, 11 de agosto, o interrogaram. Não foi necessário muito tempo nem técnicas avançadas para que David Berkowitz assumisse a responsabilidade pelos tiroteios que aterrorizaram Nova York por um ano. A uma das perguntas obrigatórias, "Por que você se autointitula 'Filho de Sam'?", Berkowitz respondeu que Sam era o nome de seu vizinho, dono de um labrador preto, possuído por um demônio ávido pelo sangue de jovens mulheres. O demônio, segundo Berkowitz, se comunicava com ele por meio do cão. Ele obedecia às ordens e saía para matar pessoas.

Apesar da afirmação insana, consideraram Berkowitz apto a ser levado a julgamento.

Em 12 de junho de 1978, o juiz o condenou à prisão perpétua por cada um dos seis assassinatos que cometeu.

A partir de então, o Filho de Sam passou alguns meses em diferentes centros psiquiátricos, até ser levado para a perigosa prisão de Attica, onde ficou pouco mais de uma década, antes de ser transferido para diferentes penitenciárias, nas quais continua cumprindo sua pena, apesar de pelo menos quinze tentativas fracassadas de obter liberdade condicional, alegando ter se tornado um prisioneiro exemplar, um cristão que ajuda outros prisioneiros, e se arrependido de seus crimes.

Você confiaria na reabilitação de uma pessoa que matava friamente e que admitiu, tempos depois, que a história do cão era mentira? Em alguém que morava em um apartamento cujas paredes exibiam símbolos satânicos e que confessou matar mulheres jovens porque não conseguia se relacionar amorosamente?

Em alguém que levou uma facada no pescoço já dentro da prisão e agradeceu o agressor porque julgou ser o que merecia? Você confiaria em alguém assim? David Berkowitz aguarda sua resposta.

ARTE FORENSE

O livro *Handbuch für Untersuchungsrichter* [*Manual para juízes*, em tradução livre], do dr. Hans Gross, publicado em 1892, é considerado o marco fundador da criminalística, apesar de alguns especialistas citarem *Il giudice criminalistica* [*O juiz criminalista*], de 1643, escrito por Antonio Maria Cospi, como o pioneiro da área. O campo é considerado uma ciência porque é baseado em técnicas verificáveis; mas é também uma arte, pois requer a perícia e a perspicácia mental de quem a pratica para alcançar sucesso em uma investigação.

O necrófilo

Em um sábado, no dia 12 de maio de 2018, chegou a hora de um dos *serial killers* mais mórbidos do Reino Unido na década de 1980. Dois dias antes, 10 de maio, o assassino havia se queixado de fortes dores abdominais e tinha sido levado ao hospital, onde se submeteu a uma cirurgia; entretanto, seu corpo não respondeu ao procedimento médico, e ele morreu. A autópsia ajudou a determinar que a morte foi causada por uma embolia pulmonar e hemorragia retroperitoneal. Um coágulo de sangue, uma trombose venosa profunda e um aneurisma da aorta abdominal foram os três mosqueteiros que enfim mandaram Dennis Nilsen para o inferno.

O que esse cara fez para viver seus últimos 34 anos na prisão? Chegou a vez dele.

Bem-vindo ao mundo
Antes de começarmos o relato sangrento, devo avisá-lo de que, década após década, Jack, o Estripador é lembrado como um dos *serial killers* mais aterrorizantes dos arquivos criminais ingleses. Porém, garanto que o caso de Jack é um livro infantil perto do arquivo de Dennis Nilsen.

Em 23 de novembro de 1945, Betty White deu à luz um menino a quem batizaria de Dennis Andrew. O sobrenome Nilsen veio da parte do marido, um soldado norueguês chamado Olav Magnus Nilsen. Três anos antes, Betty e Olav haviam se conhecido em uma cafeteria. O casal se apaixonou e se casou em 1942.

Dennis nasceu em Strichen, Aberdeenshire, na Escócia. Sua casa era um lar acolhedor, mas que seguia regras rígidas, baseadas na religião. O sexo, por exemplo, era assunto proibido. Dennis perdeu o contato com o pai, alcoólatra, quando tinha apenas quatro anos, devido ao divórcio dos pais. A esses eventos, somou-se ainda a morte do avô. Com tudo isso, Dennis virou um menino quieto e reservado.

Coisas do amor
Em 1975, Nilsen passou a dividir um apartamento com o companheiro, David Gallichan. Dennis já sabia que era homossexual. No exército, apaixonou-se por um colega, com quem mantinha uma relação tão íntima que um dia o convenceu a filmá-lo de uma maneira bizarra: deitado, como se estivesse morto. A relação não foi adiante, porque o amigo não era gay, e eles acabaram se separando. Foi doloroso para Nilsen: primeiro seu pai, depois seu avô e, então, seu primeiro amor fracassado. Aos trinta anos, no entanto, Dennis conheceu David Gallichan, a quem carinhosamente chamava de Twinkle. Decidiram morar juntos, e, enquanto Dennis trabalhava, David cuidava da casa.

Dois anos mais tarde, em 1977, David foi embora. Talvez para Gallichan tenha sido apenas mais um caso. A separação pode ter sido desconfortável, mas necessária, embora representasse para Dennis Nilsen outro abandono e o reencontro com uma velha conhecida: a solidão.

GUARDIÃO DA ORDEM

Com apenas dezesseis anos, Dennis entrou para o Exército Britânico, no qual trabalhou como cozinheiro. Serviu por mais de dez anos, mas desistiu em 1972, ingressando na Escola Preparatória da Polícia Metropolitana de Hendson. Após quatro meses de treinamento, entrou para a força policial de Willesden; entretanto, demitiu-se antes de completar um ano, quando não conseguiu prender dois homens que cometiam atentado ao pudor dentro de um carro. Não lhe faltava força ou coragem, mas simplesmente não estava convencido de que fazia a coisa certa. A partir daí, passou a trabalhar em uma agência de empregos.

AMANTES MORTOS

O ano de 1978 chegou, e com ele o ponto de partida para que Dennis Nilsen desse início aos frequentes casos sórdidos e, em especial, à carreira de assassino obsceno. Dennis foi a um pub (um típico bar britânico) e, depois de algumas bebidas, convidou Stephen Dean Holmes, de catorze anos, para seu apartamento, onde dormiram juntos. Na manhã seguinte, dominado pelo medo da solidão, pegou uma gravata e sufocou o menino enquanto ele dormia. E não foi só isso: Dennis afogou Stephen e pôs o cadáver em uma cadeira. Hipnotizado e extasiado, viu as gotículas de água rolando pelo cabelo e pele do amante. Como Dennis se livrou do corpo? Levou meses para fazer isso. Na verdade, no dia seguinte, limpou o cadáver e praticou necrofilia. Depois, escondeu-o sob algumas tábuas em sua casa e, com o passar do tempo, queimou os restos mortais.

Esse foi o primeiro de uma sequência de assassinatos de Dennis Nilsen. O primeiro dos quinze, todos praticados com a mesma estratégia e o mesmo rito. Estudantes ou desabrigados que conhecia na rua ou em algum bar gay, como o Black Cap. Dennis convidava as vítimas para sua casa, com o pretexto de oferecer-lhes abrigo, comida ou mais bebida. Ele dormia com quem concordava em acompanhá-lo e, durante a madrugada, afogava os parceiros, impulsionado pelo medo da solidão.

A LISTA DE VÍTIMAS

Depois do jovem de catorze anos, Dennis assassinou um estudante canadense chamado Kenneth Ockendon, de 23 anos, em 3 de dezembro de 1979. Martyn Duffey, de dezesseis anos, foi a vítima seguinte, em maio de 1980. O quarto jovem morto foi Billy Sutherland, de 26 anos. O quinto, um prostituto asiático. O sexto, um irlandês. O sétimo, um hippie. Do oitavo, ele nem se lembrava. O nono e o décimo homicídio ocorreram na mesma noite: dois jovens escoceses. O décimo primeiro era um *skinhead*. Malcolm Barlow ocupa a décima segunda posição da lista, morto em 18 de setembro de 1980. O número treze de Dennis foi John Howlet, de quem tirou a vida em dezembro de 1981. O décimo quarto foi Graham Allen. Dennis conquistou a décima quinta vítima oferecendo-lhe um hambúrguer. Em seguida, o jovem o acompanhou até sua casa, onde o criminoso o asfixiou; Stephen Sinclair era seu nome. Por coincidência, o primeiro homem morto por Nilsen se chamava Stephen, tal qual o último. A única diferença foi que Dennis desmembrou o corpo de Sinclair, se serviu de suas partes e, então, jogou os restos no vaso sanitário.

BANHO COM OS MORTOS

O X da questão: se Dennis tinha medo de ser deixado, por que matou todas essas pessoas, já que a própria morte é um abandono? Porque Dennis era um psicopata que enganava sua solidão com os corpos das vítimas, que ele guardava sob o chão de madeira. Eles estavam mortos, mas, para Dennis, faziam-lhe companhia. De vez em quando, ele os limpava, fazia amor com eles e, no fim, reutilizava a água para se banhar. Um banho fresco com água de cadáveres. Como ele conseguiu disfarçar o cheiro da decomposição? Quando a pestilência ficava fora de controle, Dennis cortava os corpos em pedacinhos e enterrava as partes no jardim. Um macabro cemitério privado para qualquer um de nós; mas, para Dennis, segundo ele próprio, era assim que mantinha uma comunhão espiritual com cada uma das vítimas.

ODOR INCRIMINATÓRIO

A frase típica de qualquer investigador criminal é que "não existe crime perfeito", mas, claro, a margem de erro aumenta quando se tem uma dúzia de assassinatos.

Algumas partes pequenas dos cadáveres que Dennis desmembrava seguiam para o encanamento, onde ficavam alojadas, continuando seu processo de decomposição. Imagine o cheiro. Não foi só o fedor que chamou atenção: os canos pareciam entupidos. O sr. Michael Cattran, um encanador, verificou o problema e encontrou uma massa viscosa e fragmentos do que supunha ser pedaços de carne humana. Cattran resolveu relatar o ocorrido a seus superiores. Dennis Nilsen, então, correu para limpar os canos e trocou alguns restos humanos por partes de frango. No dia seguinte, a polícia não encontrou vestígios, mas outras pistas levaram as autoridades à casa de Dennis.

Ele não resistiu quando os agentes o pegaram. Nielsen lhes contou que havia corpos no jardim e sob algumas tábuas da casa. Ele foi preso em 9 de fevereiro de 1983, após cinco anos sangrentos.

O transtornado Nilsen foi interrogado mais de dez vezes para revelar seus motivos e estabelecer o número exato de vítimas. Um dos investigadores, abusando de uma inexplicável franqueza, perguntou-lhe se ele tinha cometido um ou dois assassinatos. Dennis o corrigiu: "Foram quinze ou dezesseis, desde 1978."

O julgamento de Nilsen teve início em 24 de outubro de 1983, mas sua consciência já o havia penalizado severamente. Assim, o julgamento durou poucos dias e, em 4 de novembro de 1983, Dennis Nilsen foi condenado à prisão perpétua, sem possibilidade de liberdade condicional antes de 25 anos. A sentença englobava seis assassinatos e duas tentativas de assassinato, que a acusação conseguiu provar, embora Nilsen tenha admitido quinze mortes e oito tentativas de assassinato.

INSANO

Em uma carta escrita pelo próprio Nilsen, intitulada "Notas sobre condições mentais", ele admitiu ser um psicopata criativo, e que gostaria de entender como virou um assassino em série da noite para o dia. Além disso, reconheceu que, em momentos de arrependimento, tentou reanimar algumas de suas vítimas, mas garantiu que, sob a influência do álcool, o psicopata escondido em sua personalidade libertava-se e o dominava.

Dennis Nilsen, um açougueiro carente de companhia, um necrófilo disposto a se envolver com a podridão da própria mente; um jovem abandonado pela sanidade.

NECROFILIA

O termo "parafilia" é derivado do grego *para*, "juntos", e *filein*, "amar". De acordo com o *Manual de diagnóstico e estatística dos transtornos mentais*, o impulso ocorre durante um período significativo (pelo menos seis meses) e interfere no funcionamento normal de uma pessoa. A necrofilia vai desde a excitação sexual com objetos de uma pessoa morta até relações com os próprios cadáveres. Um caso extremo de necrofilia foi o de Kenneth Douglas, de Hamilton, Ohio, que transou com mais de cem corpos enquanto trabalhava como auxiliar em um necrotério.

O Monstro de Ligúria

A palavra *revólver* vem do inglês *revolving* e significa "giratório", "que gira". Ela define uma arma de fogo (com capacidade para seis balas, em geral) composta por um tambor ou cilindro. Elisha Collier criou esse dispositivo em 1814, a partir do qual algumas variantes foram fabricadas, em 1819, para as Forças Armadas Britânicas na Índia. Em 1822, a produção desse tipo de arma se tornou massiva. Um revólver Smith & Wesson de calibre .38 chegou às mãos de um *serial killer*, que o transformou em sua arma favorita. O nome do assassino: Donato Bilancia. Vamos abrir seu arquivo agora.

CAMA MOLHADA

Donato Bilancia nasceu em 10 de julho de 1951, em Potenza, um pequeno vilarejo que mal chega a duzentos quilômetros quadrados. Cresceu em uma família questionável, como tantas no pós-guerra, com muitos problemas econômicos e poucos laços fraternais. Donato viveu os primeiros anos entre mudanças e abusos. Os pais saíram de Potenza para morar na região de Piemonte, e, finalmente, mudaram-se para Gênova, que pertence à região da Ligúria. O pequeno Donato deve ter acumulado muitos traumas, porque urinou em sua cama até os doze anos. A mãe o expunha ao ridículo por isso: colocava o colchão do lado de fora da casa para que os vizinhos soubessem que o menino ainda molhava os lençóis à noite.

Quando adolescente, na tentativa de se livrar de suas vergonhas e seus contratempos, adotou o nome de Walter e, apesar de muitos relatos afirmarem que foi padeiro, cantineiro, mecânico e mensageiro, nenhum desses ofícios o mantiveram longe do crime. Mesmo jovem, Donato recebeu a primeira acusação pelo roubo de uma motocicleta, e depois pelo de um caminhão cheio de mercadorias natalinas.

Essas prisões de nada adiantaram, pois, depois da casa arrombada, não adianta por trincos na porta. Bilancia, do mesmo modo, talvez inconscientemente ou até mesmo não intencionalmente, estava a caminho de se tornar o notório Monstro de Ligúria.

PRIMEIRO CONFINAMENTO

Em 1974, Donato tinha 23 anos e foi pego pela polícia portando uma arma de fogo, delito que o levou à prisão e a uma instituição psiquiátrica, mas ele escapou. Porém, foi preso novamente por agressão, e em 1976 foi condenado a passar dois anos na prisão. Será que isso ajudou? Não.

A MÁFIA

Na prisão, Donato conheceu outra família que o acolheu: alguns membros da Cosa Nostra, a máfia siciliana. Eles se tornaram seus companheiros e lhe recrutaram; em troca, o grupo o ajudaria a fugir, o que aconteceu em pouco tempo. Uma vez livre, Donato continuou a roubar, embebedar-se e se utilizar dos conhecimentos de pôquer que adquiriu na cadeia. Assim, Bilancia tornou-se um jogador inveterado.

Nos anos 1980, Donato Bilancia roubou para viver e viveu para curtir; porém, os criminosos também sofrem, e a dor o alcançou em 1982, quando o irmão se jogou nos trilhos de um trem enquanto segurava a mão do filho. Ambos perderam a vida. A sanidade de Bilancia foi seriamente abalada pelo evento. Além do jogo, da carreira criminosa e do alcoolismo, ele tinha delírios que o levaram a sofrer um acidente de carro, deixando-o em coma profundo por um ano.

Porém, vaso ruim não quebra, e Donato Bilancia, Walter, como era chamado nos cassinos e no submundo, saiu do hospital saudável. Seria muito difícil definir se o acidente, o suicídio do irmão, a infância sofrida ou a prisão foram os gatilhos para que Donato se tornasse um assassino. O que é certo é que todos esses eventos devem ter colaborado para que ele se transformasse em um homicida. É necessário ressaltar que, até a alta do hospital, em 1990, com quase quarenta anos, Donato nunca havia matado ninguém; era apenas um ladrão comum.

O DESPERTAR

O ano de 1997 chegou, e Donato precisava terapia psicológica para ficar em paz. No entanto, o tratamento que escolheu foi o derramamento de sangue para vingar tudo o que havia lhe acontecido desde criança. Assim, em uma quinta-feira, 16 de outubro de 1997, Bilancia, aos 46 anos, cometeu seu primeiro homicídio. A vítima chamava-se Giorgio Centanaro, médico, apostador e alcoólatra; Bilancia o sufocou colocando uma fita adesiva ao redor de seu pescoço. O motivo? Nas investigações preliminares, a polícia nem sequer supôs o envolvimento de Donato. A conclusão foi de que o médico havia cometido suicídio. Apenas quando Bilancia foi preso, anos depois, é que o assassino admitiu ter matado Giorgio por uma zombaria na mesa de jogo. Como um cão de caça que só precisa de um leve odor para farejar a trilha, Donato encontrou o caminho de seu bem-estar roubando e matando como nunca havia imaginado.

Dia 24 de outubro de 1997. Donato seguiu para a casa de Maurizio Parenti e Carla Scotto, que haviam retornado da lua de mel. O quarto andar de um prédio preparado para se tornar o ninho de amor do casal acabou virando um cenário sangrento. Donato conheceu Maurizio em um cassino e estava convencido de que ele e Centanaro, sua primeira vítima, o haviam enganado. Então obrigaria Maurizio a pagar sua dívida. Bilancia esperou que chegassem em casa e os abordou, ameaçando-os com a Smith & Wesson .38. Após entrarem no apartamento, Donato fez o casal abrir o cofre no quarto. Depois, algemou o marido e o alvejou impiedosamente, na frente da esposa. Donato saiu da casa com uma coleção de relógios que jogou fora em seguida, porque só desejava assassinar o casal. O roubo serviria para despistar a polícia.

Atirando e fugindo

Em uma segunda-feira, 27 de outubro, apenas três dias depois, Donato Bilancia foi à casa de Bruno Solari e Maria Luigia Pitto, que trabalhavam no ramo da joalheria. Bateu à porta e entrou violentamente; ao ver a arma, Maria começou a gritar. Donato quis ser rápido e atirou em Bruno, de 65 anos, com uma bala que entrou pela orelha direita. Maria, de 71 anos, correu para a porta, mas não foi tão ágil: duas balas a atingiram nas costas. Donato escapou, levando dinheiro e joias. A empregada do casal foi a única sobrevivente do crime.

Em 13 de novembro, a caçada continuava. Durante vários anos, Donato espionou Luciano Marro, um cambista que saía de casa todas as noites, às vezes acompanhado por outro homem e um cão; na noite em que foi atacado, no entanto, Luciano saiu para jogar o lixo fora. Bilancia aproveitou-se da distração para rendê-lo. Após roubar 45 milhões de liras, atirou em Luciano. Donato deixou o local e foi visto apenas por uma mulher, que não suspeitava de que seu vizinho acabara de ser exterminado pelo Monstro de Ligúria.

Como mencionei antes, Donato fingia roubos por vingança. Às vezes guardava o que tinha levado, como ocorreu no assalto ao cambista. A vítima seguinte, no entanto, seria novamente uma tentativa de aplacar o ódio que sentia de um velho guarda. Em um domingo, no dia 25 de janeiro de 1998, Donato rumou para um prédio e esperou que Giangorgio Canu, um humilde vigia noturno, saísse do elevador. Ele mandou Giangorgio "ficar parado e passar a carteira", depois jogou-a fora sem procurar por dinheiro. Em seguida, cobriu a cabeça do vigia com o casaco e atirou. Algum tempo depois, ao ser perguntado no tribunal por que havia escolhido Giangorgio, o assassino respondeu que não o conhecia; que o escolheu ao acaso. A vingança foi incentivada por um vigia noturno que o havia ferido na tentativa de fuga de um assalto quando era mais jovem. O guarda tinha atirado em sua perna, e Donato acabara sob custódia.

Novo prazer

Passaram-se pouco mais de trinta dias sem que Donato cometesse qualquer homicídio, mas, depois do hiato, o Monstro de Ligúria tingiu o mês de março de vermelho com o sangue de prostitutas.

Em 9 de março de 1998, ele escolheu uma prostituta albanesa de 25 anos; depois dos serviços da mulher, estacionou o carro de modo que a porta do carona fosse bloqueada por um muro. Bilancia ordenou que a prostituta saísse do veículo pelo lado do motorista, completamente nua; a jovem obedeceu e, ao sair, o criminoso mandou que se posicionasse de frente para o mar. Então Bilancia atirou na parte de trás de sua cabeça. Seu nome era Stela Truya, que, nua em frente ao mar, deixou o olhar se perder no oceano, assim como a bala que a vitimou, pois, quando seu corpo foi encontrado, não puderam achar o projétil; certamente sumiu na água.

Em uma quarta-feira, 18 de março, a ucraniana Ljudmyla Zubskova terminou de fazer sexo oral em Donato no interior de seu carro, estacionado nos fundos de um hospital, onde não havia muito movimento; de repente, o homem ordenou que ela saísse do veículo ameaçando-a com uma arma; a jovem de 23 anos não se opôs nem exigiu pagamento pelo serviço. Já fora do carro, Bilancia atirou na parte de trás de sua cabeça, de cima para baixo.

No dia 24 de março, Donato não sabia que, um mês e meio depois, cometeria o erro que finalmente o levaria à prisão. Bilancia contratou os serviços de Lorena, uma transexual cujo nome de registro era Julio Castro; ambos estavam no carro de Donato, estacionado dentro da garagem de uma residência. Alguns guardas que faziam a ronda desconfiaram da situação e se aproximaram do veículo; Donato, então, saiu e atirou. Os dois oficiais, Massimiliano Garillo e Candido Randò, morreram na hora.

Em seguida, Donato Bilancia foi até Lorena e também atirou contra ela. No entanto, apenas ferida, fingiu-se de morta até que ele fosse embora. O assassino não contava que Lorena estivesse viva, e nem que seria capaz de reconhecer as características e a placa de seu Mercedes-Benz preto. O Monstro havia deixado a pista mais importante para que fosse capturado.

UM PEQUENO TRAUMA

Até então, muitos dos crimes haviam sido motivados pela necessidade de vingança contra a autoridade e a vida em geral, mas Donato tinha outra questão pendente: as mulheres, que o rejeitaram muitas vezes, aparentemente porque seu pênis era muito pequeno. Na puberdade, uma tia gostava de constrangê-lo perante os primos por esse motivo: ela abaixava suas calças para que os familiares vissem que o garoto tinha um membro menor que a média.

INÍCIO DO FIM

Donato usou o mesmo *modus operandi* para acabar com a vida de Tessy Adobo, uma prostituta nigeriana, no dia 29 de março. Ele estacionou seu veículo, bloqueando a porta do passageiro, fez com que Tessy saísse pelo lado do motorista e atirou três vezes na parte de trás de sua cabeça.

Domingo, 12 de abril. O Monstro matou outra mulher, no que ficou conhecido como Crime da Páscoa. Donato viajava de trem em direção a Milão. Ali, encontrou a oportunidade de levar Elisabetta Zoppetti, uma enfermeira de 32 anos, para o banheiro. Ninguém ouviu o som do tiro, porque Donato usou a jaqueta da vítima como silenciador. Quando a polícia encontrou o corpo, pensou que se tratava de uma overdose, pois era comum os viciados usarem drogas nos banheiros; no entanto o buraco na nuca de Elisabetta mostrou-lhes que uma bala calibre .38 tinha sido usada para executá-la.

O alerta foi emitido mais tarde; foi divulgado que um serial killer assolava a Ligúria e que seus alvos eram mulheres. A mídia noticiou as mortes e alertou a população da região de Gênova em particular. Mas Donato Bilancia estava fora de controle e, desafiando o destino, na terça-feira, 14 de abril, assassinou Kristina Valla, outra prostituta, e apenas quatro dias depois, em 18 de abril, executou uma jovem chamada Maria Angela Rubino em outro trem. Dessa vez, adicionou outro toque ao crime, masturbando-se sobre o corpo da mulher.

Em 21 de abril, Donato Bilancia aproximou-se de um posto de gasolina. Em vez de reabastecer, como precisava de dinheiro, roubou e matou a sangue-frio o despachante Giuseppe Mileto. No entanto, era apenas uma questão de dias até que o Mercedes preto fosse localizado. Quando a polícia encontrou o carro, não prendeu imediatamente Donato, pois a investigação teve que continuar com cautela para eliminar pontas soltas. Os investigadores seguiram os passos de Bilancia até um bar, onde o homem pediu um café, sem perceber que as duas pessoas próximas eram agentes disfarçados. Bilancia terminou a bebida e foi embora. A polícia confiscou o copo para análise da saliva de Donato. Os resultados dos exames de DNA confirmaram que ele era o assassino de prostitutas, o matador do trem, o homem responsável pelo Crime da Páscoa, o sanguinário que fazia suas vítimas se ajoelharem e atirava com uma Smith & Wesson .38 em suas nucas. Donato já havia sido identificado; bastava apenas enjaular o Monstro de Ligúria. E foi isso que aconteceu.

Preso

Na quarta-feira, 6 de maio, os agentes visitaram Donato Bilancia em sua casa. O homem não disparou nenhuma das cinquenta balas da Smith & Wesson preta. Ao ser interrogado, disse simplesmente: "Sim, fui eu. Matei aquelas pessoas porque estou doente e exijo tratamento."

Depois de sete horas de interrogatório, confessou ser o autor de dezessete assassinatos e alguns outros. Também admitiu ser um assassino solitário e reiterou que precisava de terapia psiquiátrica. Além do depoimento, o sêmen encontrado nas prostitutas assassinadas combinava com seu DNA.

Quantos anos ou que sentença você daria ao Monstro de Ligúria se fosse o juiz do caso? Apenas a título de curiosidade: não existe pena de morte na Itália.

Em 12 de abril de 2000, o Supremo Tribunal de Gênova condenou Bilancia a catorze condenações perpétuas pelos assassinatos e a mais catorze anos pela tentativa de assassinato de Lorena, a transexual que enganou o viciado em jogatinas, alcoólatra, ladrão, pervertido e *serial killer*, o Monstro de Ligúria.

SMITH & WESSON

Em 1852, Horace Smith e Daniel B. Wesson associaram-se para abrir uma loja de armas em Connecticut, Estados Unidos, o que os levou ao sucesso nos negócios e à criação de uma marca sólida, mundialmente conhecida como Smith & Wesson e responsável por diferentes modelos de revólveres. Entre todos eles, o Smith & Wesson .38, ou .38 *Special*, é o mais famoso, em grande parte porque foi usado durante muitos anos por corporações policiais. Estima-se que, até 2008, a empresa tenha fabricado cerca de seis milhões de unidades desse revólver.

O Açougueiro de Plainfield

O filme *Psicose* (1960), dirigido pelo mestre do suspense, Alfred Hitchcock, renovou o gênero do terror. O público já estava cansado de filmes sobre monstros, vampiros, múmias, lobisomens, gigantes, com sangue para todo lado. Hitchcock mergulhou fundo nos horrores humanos, no lado doentio de qualquer pessoa, e usou o amor obsessivo para dar vida a Norman Bates, um homem que guardava o corpo da mãe.

Psicose também exibiu uma das cenas mais memoráveis no cinema. Você pode não se lembrar dos detalhes, ou pode mesmo não ter assistido ao filme, mas certamente já se deparou com a sequência em que a protagonista é esfaqueada enquanto toma banho, uma cena importantíssima para a cultura popular. A cena, acentuada pelo som de violinos, dura apenas 45 segundos, mas elevou o nome de Janet Leigh à fama.

Cinquenta anos após a estreia da obra-prima de Hitchcock, ainda é chocante saber que a história de Norman Bates foi baseada em uma pessoa real: o assassino Ed Gein. Vejamos o arquivo do chamado Açougueiro de Plainfield, que poderia ser escrito não em papel, mas em pele humana.

CASTRAÇÃO MATERNA

Edward Theodore Gein nasceu em Wisconsin, Estados Unidos, em 27 de agosto de 1906. Seus pais eram George Gein e Augusta Wilhelmine. Tinha um irmão mais velho, Henry George Gein. O pai era alcoólatra, uma doença que o dominava, que o fizera perder a compostura e o emprego; essa foi a principal razão pela qual a sra. Augusta assumiu o controle da casa, desprezando o marido e criando os filhos de forma religiosa e rigorosa. A rigidez era tamanha que as crianças Gein não tinham amigos ou frequentavam lugar algum além da escola.

Ed Gein sofreu com a educação da mãe; o controle que ela mantinha sobre ele o tornou um menino tímido, alvo perfeito para a zombaria dos colegas de classe, que o chamavam de aberração. Como não ser tímido e calado quando sua mãe, temerosa de que o Apocalipse chegasse a qualquer momento, o obrigava a ler a Bíblia todos os dias? Como sua realidade não seria distorcida se a própria mãe dizia que as mulheres eram demônios, prostitutas do diabo, cujo objetivo era tentar os homens? Por esse motivo, ela só teve relações com o marido, unicamente para gerar Henry e Ed Gein.

Nesse ambiente, o menino Ed Gein abandonou cedo a escola. Mal havia terminado a educação básica quando começou a trabalhar com o irmão na fazenda dos pais, além de ser menino de recados entre os vizinhos. E como era a relação entre os irmãos Gein? Boa, até certo ponto.

ÉDIPO

Henry era mais velho que Ed, e logo começou a contestar a mãe. A atitude impressionava Ed que, sem saber ou admitir, desenvolveu uma relação doentia de amor filial; um complexo de Édipo, um indício de incesto e a disposição em acabar com a vida de alguém. Augusta odiava o marido, mas, como sua religião proibia o divórcio, obrigava os filhos a rezarem com toda a fé e maldade possíveis para pedir a Deus que o homem morresse. Isso aconteceu, de fato, em 1940, por conta de um infarto.

Criando um assassino

Augusta costumava ser tão autoritária que não recorria a sutilezas quando repreendia os filhos. Alguns registros indicam que, em certa ocasião, Ed cedeu aos hormônios e se masturbou. A mãe o flagrou e, enfurecida, o castigou, jogando-lhe água fervente. E como era a relação com Henry? Augusta tinha algum preferido entre os filhos? O tratamento era praticamente o mesmo, mas ela sentia mais afinidade com Ed, porque conseguia manipulá-lo. Além disso, enquanto estava grávida de Ed, Augusta rezou para que fosse uma menina, que a auxiliaria nos deveres da casa. Deus não lhe concedeu esse desejo. Ainda assim, Ed era responsável pelas tarefas domésticas.

Em 16 de maio de 1944, quatro anos após a morte do pai de Ed, um incêndio destruiu grande parte da propriedade da família Gein. As chamas começaram no campo, mas chegaram muito perto da casa; felizmente os bombeiros controlaram o fogo, e parecia que apenas perdas materiais tinham sido sofridas. Entretanto, Henry, que também ajudou a apagar o fogo, foi encontrado morto. Mas preste atenção: Henry não morreu por asfixia ou queimaduras. Ele estava deitado, com a cabeça no chão, em uma área não queimada, e havia marcas de golpes em seu crânio, como se alguém o tivesse atacado por trás. Quem matou Henry Gein? A mãe, sua progenitora? O irmão mais novo, que aparentemente o amava? Teria esse sido o primeiro crime de Ed Gein? Ninguém sabe, pois não houve investigações profundas sobre o caso.

Com a morte de Henry, Augusta e Ed viveram um para o outro. Ela era uma luterana fanática, mas o budismo diria que o carma daquela mulher era negativo. Meses após a morte do filho mais velho, Augusta sofreu um derrame que a deixou paralisada.

Com isso, Ed, já com 39 anos, passou a cuidar da casa, da propriedade e da mãe, que mais tarde foi diagnosticada com câncer. Sem poder se mexer, a única demonstração de afeto de

Augusta por seu filho foi permitir que ele dormisse a seu lado até sua morte, no dia 29 de dezembro de 1945. Imagine a situação de Ed Gein. Seu mundo era sua casa. Ele não tinha amigos, pois a mãe o proibia de se relacionar com qualquer outra mulher e, em apenas cinco anos, perdeu todos os laços familiares, órfão em todos os sentidos, sozinho e, pela primeira vez, com toda a autoridade para fazer o que quisesse da vida. Isso sempre que a voz fantasmagórica da mãe deixava sua cabeça em paz.

É fácil pensar que a morte de Augusta faria bem a Ed. Afinal, ele estava livre. Porém, o estrago em sua formação já estava feito. Ed Gein dedicava-se a Augusta. Após sua morte, ele decidiu manter o quarto da mãe intacto. O tempo parou naquele cômodo. Ele não precisava trabalhar, ao menos não em tempo integral, porque suas terras, assoladas pelo incêndio, tinham sido inscritas em um programa governamental que ressarcia Gein até que pudessem ser replantadas.

Profanador

O ócio, pai e mãe de todos os vícios, fez companhia a um Ed Gein obcecado pelo corpo feminino, o qual só pôde conhecer por meio de revistas pornográficas e livros de anatomia, que passou a colecionar. Os pensamentos sujos de Ed não paravam; sua mãe já não estava mais ali para reprimi-los. Todos o levavam a tocar, sentir, explorar e se apropriar do corpo de uma mulher.

Como e por onde começaria, se a única referência feminina era a mãe, que o advertiu de que as mulheres eram "prostitutas do diabo"? Como fazer contato com alguém do sexo oposto sem qualquer habilidade social?

Ed Gein fez o que apenas uma pessoa doente faria: começou a profanar túmulos para exumar cadáveres de mulheres, que lhe fizeram companhia e o ajudaram a moldar sua verdadeira personalidade. Ele não estava sozinho nessa missão; um colega chamado Gus o ajudou e, assim, começou a macabra diversão.

No cemitério, ele não escolhia qualquer cadáver. Ed se certificava, olhando as lápides, de que o corpo pertencera, em vida, a uma senhora idosa que lhe lembraria a mãe. Assim, ao longo de dez anos, Ed Gein se dedicou a roubar corpos, inteiros ou apenas partes deles. Ele os levava para sua fazenda, onde colecionava a pele e os ossos.

VESTIDO MACABRO

O que Ed faria com tantos metros de pele morta? Idealizar uma peça de roupa feminina sob medida? Cobrir a própria pele com a carne da mulher que ele gostaria de ser? Confeccionar um disfarce com a imagem da mãe, já que não queria que sua presença o deixasse? Sim, as três alternativas estão corretas.

Primeiro assassinato

Chegou um momento em que Ed Gein decidiu ir mais longe, sozinho, porque seu amigo e cúmplice Gus tinha sido internado em um hospital psiquiátrico em 1950. Ed não mais colecionaria cadáveres, mas mulheres vivas.

Sua primeira vítima foi Mary Hogan, uma mulher que se mudou de Dallas para Plainfield a fim de reconstruir a vida após dois divórcios. Era corpulenta, mal-humorada e não media as palavras. Com essas características, Mary não teve problemas em conseguir emprego como garçonete de um bar, onde colocava clientes bêbados no devido lugar.

Em 8 de dezembro de 1954, por volta das 16h, Mary Hogan estava fechando o bar, mas permitiu que um cliente, assíduo nas últimas semanas, entrasse para tomar um café. O homem era Ed Gein, que não chegou a consumir a bebida, porque tomou coragem e atirou em Mary.

Minutos depois, um fazendeiro chamado Seymour Lester

entrou no local para comprar um sorvete e o encontrou vazio, apenas com uma poça de sangue que levava ao estacionamento. O café sobre o balcão já estava frio, e, no pátio nevado, havia marcas de pneus.

Não ocorriam desaparecimentos, muito menos assassinatos, em Plainfield. O público logo foi tomado por um grande interesse pelo sumiço de Mary Hogan, e muitos suspeitavam de que ela estivesse morta.

Os boatos corriam soltos. O xerife, com poucos recursos e sem experiência, tentou abrir uma investigação baseada em suposições e rumores, tais como: "Mary Hogan foi morta por um de seus ex-maridos", e "ela foi sequestrada pela máfia". Essas e outras fofocas não ajudaram a esclarecer o caso, que permaneceu aberto.

Elmo Ueeck era dono de uma serralheria em Plainfield. Ele notou, certa vez, que Ed Gein não tirava os olhos de Mary enquanto estava no bar. Então, para provocá-lo, disse que, se ele (Gein) tivesse pedido Mary em casamento, a mulher não teria desaparecido. Ed respondeu: "Ela não sumiu, está em minha fazenda." Ueeck não o levou a sério.

A CAÇA

Três anos se passaram desde então. Em 15 de novembro de 1957, Ed Gein entrou em uma loja de ferragens para comprar um galão de líquido anticongelante. A proprietária da loja, Bernice Worden, anotou o pedido do cliente, que lhe informou que voltaria no dia seguinte para buscar o produto.

No sábado, 16 de novembro, à tarde, muitos caçadores retornaram da floresta, após o início da temporada, carregando corpos de veados, seus troféus de sangue. Notaram que Bernice Worden não tinha aberto a loja, o que era estranho. O filho dela foi procurá-la no local. Lá, deparou-se com outra poça de sangue. O jovem correu para pedir ajuda ao xerife, que, desta vez, obteve uma pista mais clara: o nome de Ed Gein estava na última nota de venda. Outra caçada começaria em breve.

CURTIDOR

A polícia foi até a casa de Ed Gein e o que encontrou serviu de inspiração para o escritor Robert Bloch escrever o thriller *Psycho* (1959).

Não havia luz na fazenda de Ed Gein. A polícia, então, acendeu as lanternas e descobriu a cena mais sórdida, repulsiva e repugnante que já tinha visto. O corpo aberto e eviscerado de Bernice Worden adornava o barracão, pendurado com as pernas abertas, rasgado da vagina até o pescoço, o coração descartado ao lado e a cabeça dentro de um saco.

A descoberta foi a introdução à mórbida decoração da propriedade de Ed, que foi preso em seguida enquanto jantava na casa de um de seus poucos amigos.

TAXIDERMISTA

O local continha, entre outros objetos, lixo acumulado por dez anos, utensílios feitos de partes de corpos, como recipientes com bases de crânios, móveis estofados com pele humana, um abajur costurado com pedaços de rosto, um colar feito de lábios, um cinto de mamilos, um espartilho moldado a partir de um tronco humano, um colete feito de lábios vaginais e mamilos, quatro narizes, calças de pele humana e várias máscaras do mesmo material. Foi assim que encontraram a cabeça de Bernice em um saco, e em outra caixa estava a de Mary Hogan.

Faltava verificar o andar de cima. Os policiais encontraram um quarto trancado. Ao arrombar a porta, descobriram que era um quarto limpo e arrumado, com a cama feita e uma Bíblia sobre uma pequena mesa.

O que Ed Gein disse quando foi descoberto e preso? Nada, absolutamente nada. Ficou em silêncio durante dias, até que a polícia ordenou que fosse colocado diante do corpo da dona da loja de ferragens. Talvez por não querer encarar a própria obra macabra na frente de estranhos, Ed começou a falar. Mas, primeiro, pediu uma torta de maçã com queijo.

Ed Gein se declarou culpado das mortes de Mary Hogan e Bernice Worden, e ninguém mais, embora os vizinhos suspeitassem de que ele houvesse matado pelo menos uma dúzia de pessoas. Quando lhe perguntaram sobre a quantidade de restos mortais, Ed Gein confessou os roubos ao cemitério. Seu *modus operandi* era ler os obituários para descobrir onde uma mulher seria enterrada, e à noite, após o enterro, ele visitava seus túmulos. Costumava levar os corpos inteiros, se precisasse, mas também cortava os membros desejados dentro dos caixões. Ele repetiu o processo em pelo menos quarenta túmulos.

Turismo mórbido

Em 6 de janeiro de 1958, o juiz declarou que Ed era mentalmente doente, incapaz de ser julgado, e ordenou sua internação em um hospital psiquiátrico. Entretanto, o caso foi reproduzido por dezenas de repórteres, que encontraram uma grande história para vender jornais; isso levou turistas curiosos à pacata Plainfield, causando desconforto aos habitantes.

Um leilão seria realizado em 30 de março de 1958, na propriedade de Ed Gein. Tudo que não fosse confiscado ou destruído pela polícia seria posto à venda. Porém, isso não chegou a acontecer, porque, pela manhã, alguém decidiu pôr fim ao espetáculo ateando fogo à fazenda.

Com o incêndio, restou apenas a van em que Ed transportava os cadáveres. Esta foi comprada por um empresário, que decidiu tingi-la com tinta vermelha, como se fosse um rastro de sangue. O veículo foi exposto em feiras. Muitas pessoas pagavam 25 centavos de dólar para entrar no carro e tocá-lo.

HOMENAGEM À MÃE

Ele transou com os cadáveres? Não, porque cheiravam mal.

Comeu partes deles? Não.

O que mais Ed fez com os corpos? Qual era a utilidade das genitálias das mulheres mortas? Se ele não as costurasse, gostava de colocá-las sobre si mesmo.

Por que fazia isso? Para se sentir como uma mulher, para preencher o vazio deixado pela morte da mãe. Só assim ele ousaria tocar um corpo feminino. Todas essas questões estão no arquivo de Ed Gein, que foi diagnosticado com esquizofrenia, escravo de alucinações.

O SONO DO INJUSTO

Depois de tudo, Ed Gein viveu tranquilamente em um hospital; era um interno bem-comportado. Passaram-se dez anos, e, em 1968, os médicos autorizaram que ele fosse levado a um tribunal onde, devido aos custos, seria julgado apenas pela morte de Bernice Worden, embora Gein tenha admitido que também assassinou Mary Hogan.

É importante notar que, no relato de Ed Gein, Bernice teria morrido acidentalmente quando ele tentava recarregar um rifle, e que ele não se lembrava de mais nada sobre o dia. O julgamento começou em 7 de novembro e, uma semana depois, em 14 de novembro, o primeiro veredito o declarou culpado. No entanto, após ouvir os depoimentos dos médicos, o juiz mudou sua decisão: para ele, Ed Gein era "inocente" devido aos distúrbios, e ordenou que fosse internado em um hospital psiquiátrico por toda a vida.

Em uma quinta-feira, 26 de julho de 1984, Ed Gein morreu de ataque cardíaco, aos 77 anos de idade, mas não teve a morte dos justos, pois, antes, tinha adoecido com câncer de pulmão. Seu corpo foi enterrado no Cemitério de Plainfield, ao lado da mãe, do irmão e do pai.

Morreu o assassino, a criança manipulada, o doente que queria fazer um museu a partir de restos mortais humanos, um homem que conversava com a falecida mãe e quis sua companhia mesmo após a morte, ainda que tenha ido ao inferno buscá-la.

PSICOSE, O FILME

Em 1960, um dos filmes mais famosos do chamado Mestre do Suspense, Alfred Hitchcock, chegou aos cinemas de todo o mundo. A história de um *serial killer* obcecado pela memória da mãe aterrorizou o mundo, porque foi baseada no romance homônimo de Robert Bloch, por sua vez inspirado no caso real de Ed Gein. Para que ninguém descobrisse o fim do filme antes da estreia, Hitchcock pediu que sua agente, Peggy Robertson, comprasse todas os exemplares do livro disponíveis no mercado.

O Maníaco das Universitárias

A sexta-feira de 20 de abril de 1973 foi uma Sexta-Feira Santa para os católicos, data em que são lembradas a dor e a crucificação de Cristo. Um dia de retiro, mas não para todos. Naquela noite, um jovem de 24 anos decidiu acabar com a vida da mãe de forma selvagem: ele espancou a mulher com todo o ódio guardado por anos e a mutilou, como quem deseja cortar todo e qualquer laço com alguém. Em seguida, deixou um bilhete para a polícia, esperando ser capturado. Como os oficiais não acreditaram, o jovem telefonou para a polícia e conseguiu convencê-los de que ele era quem estavam procurando. Foi, então, condenado à prisão perpétua em Vacaville, Califórnia, EUA.

Quais foram as razões para esse homem matar a própria mãe? E não apenas isso: por que ele também matou os avós? E mais. Por que foi chamado de o "Maníaco das Universitárias"? Vamos descobrir com o arquivo de Edmund Kemper.

Árvore genealógica

Edmund Emil Kemper III nasceu em um sábado, em 18 de dezembro de 1948, na cidade de Burbank, Califórnia; quando recém-nascido, pesava seis quilos, característica que previa seu tamanho ao se tornar adulto: 2,06 metros de altura.

Seu nome era Edmund III porque o avô e o pai, este último um veterano da Segunda Guerra Mundial que se orgulhava de seu papel nos testes de armas nucleares com os militares dos Estados Unidos, também se chamavam Edmund.

A mãe de Edmund III foi Clarnell Elizabeth Kemper, a mulher que originou todos seus males. Clarnell sofria com o alcoolismo e frequentemente se enraivecia. O marido até mesmo dizia que participar de missões suicidas na guerra era brincadeira de criança comparado a viver com ela. O comportamento de Clarnell levou os dois ao divórcio, evento que afetou Edmund III, pois o menino era muito ligado ao pai. A separação o deixou sozinho com as irmãs, à mercê dos abusos da mãe.

Clarnell não era apenas rígida com o filho: era cruel. A mulher nunca o abraçou porque achava que isso o tornaria homossexual; humilhava constantemente o menino e descarregava sobre ele todo o ressentimento pelo divórcio. Clarnell dizia a Edmund que olhar para ele a fazia se lembrar do ex-marido, que os dois eram iguais e que por isso nenhuma mulher o amaria. Além disso, com frequência, Edmund era trancado no porão, segundo Clarnell, para evitar que machucasse Susan, a irmã mais velha, e Allyn, a mais nova.

GÊNIO DO MAL

Edmund Kemper estava condenado ao desprezo da mãe. Ela não se importava que o menino fosse extremamente inteligente: Kemper tinha um quociente intelectual (QI) de 136 pontos. Desde a infância, ele era uma pessoa dotada de inteligência, se levarmos em consideração que a média geral oscila entre 90 e 110 pontos.

LOUCURAS NA JUVENTUDE

O abandono do pai e o abuso materno começaram a prejudicar a personalidade da criança. Edmund Kemper passou a comportar-se de modo incomum.

Aos dez anos, enterrou vivo o gato de estimação da família. Após um tempo, desenterrou o felino, já morto, e cortou sua cabeça, que empalou em um graveto em seguida. Esse não foi o único animal morto por suas mãos; quando adolescente, aos treze anos, matou outro gato de estimação porque achava que o animal preferia a irmã, Allyn, a ele. Então Edmund tirou a vida do bichano e escondeu o corpo em seu armário. Mais tarde, a mãe descobriu o que ele tinha feito.

O que mais Edmund Kemper fez?

Você se lembra da personagem Wandinha, filha de Gomez Addams na série *A Família Addams* (1964)? Lembra que era um hábito da menina decapitar as bonecas? Bem, antes que Wandinha aparecesse na série, Edmund Kemper simulava rituais com as bonecas da irmã mais nova, que acabavam decapitadas e com as mãos cortadas.

Quais eram as outras bizarrices de Edmund? Ele também gostava que Allyn o amarrasse para que fingisse ser um condenado à câmara de gás ou à cadeira elétrica. Digamos que o menino gostava de brincar com o próprio destino.

PAPAI

Edmund Kemper odiava viver com a mãe, e precisava do amparo do pai. Um dia, fugiu de casa para procurar Edmund II, que morava em outra cidade da Califórnia. É muito provável que Edmund tivesse a esperança de ser salvo pelo pai. Ele era um adolescente de quinze anos que precisava, mais que nunca, de uma figura paterna. Edmund o encontrou, mas ficou surpreso: o pai já havia se casado novamente. E não apenas isso: tinha outro filho.

Edmund foi hóspede na casa da nova família do pai, mas apenas por pouco tempo. O pai preferiu mandá-lo para a casa dos avós. Essa decisão foi a gota d'água para a psique do jovem. Edmund foi rejeitado pelo pai que, sem saber, o levou ao limite que o lançaria em uma espiral de violência. Edmund Kemper III estava infeliz. Afirmava que o avô era velho demais, e que a avó era tão controladora quanto sua mãe.

Mamãe traidora

O que faria um menino de quinze anos que acabou de assassinar os avós? Fugir? Não. Cogitar o suicídio? Também não. Edmund Kemper III resolveu ligar para a pessoa que mais odiava: a mãe. Clarnell disse a ele para não sair do local. Ela, então, alertou a polícia e seguiu para a casa dos avós de Edmund, então o encontrou.

No primeiro interrogatório, ele foi perguntado acerca das motivações para o crime: "Eu só queria saber qual era a sensação de matar a vovó." Devido à idade e a condição mental, Edmund Kemper foi internado para tratamento psiquiátrico. Ficou no hospital até os 21 anos.

Paz antes da tempestade

Nos seis anos em que esteve no hospital, foi um interno exemplar. Os psiquiatras não diagnosticaram qualquer desordem notável. Edmund apresentava um certo comportamento passivo-agressivo, mas sua inteligência e comportamento ganharam a confiança da equipe médica. Não se esqueça, caro leitor, de que Edmund Kemper tinha um QI de 136 pontos. No entanto, em outro teste, o rapaz chegou a 145 pontos. Era inteligente demais para ficar trancafiado. Inteligente o suficiente para enganar os especialistas que o tratavam.

Edmund conquistou psicólogos e psiquiatras, tanto que chegava até mesmo a aplicar os questionários e testes a outros pacientes que chegavam ao hospital. Assim, em 18 de dezembro de 1969, Edmund Kemper recebeu seu presente de 21 anos: a liberdade. Embora houvesse opiniões conflitantes entre autoridades e psiquiatras, o rapaz foi liberado. Saiu aparentemente saudável e feliz, com 2,06 metros de altura e um pouco mais de 135 quilos. E onde Edmund Kemper foi morar? Com a mãe. A tempestade viria, mais cedo ou mais tarde.

AVÓS

Em 27 de agosto de 1964, Edmund Kemper discutiu com a avó, que se chamava Maude. O menino pegou um rifle que seu avô lhe dera no Natal anterior. Maude o advertiu de que não atirasse nos passarinhos, mas ele foi em direção à mulher e atirou três vezes nela pelas costas, uma delas na cabeça. O neto levou o corpo para o quarto. Edmund aguardou que o avô, Edmund Kemper I, voltasse do mercado, aonde tinha ido. Quando este chegou em casa, Edmund III decidiu que ele não deveria ver o corpo da esposa; logo, saiu e atirou no avô, na entrada da residência.

Livre

Edmund foi para o apartamento da mãe em Santa Cruz, Califórnia, próximo à universidade, onde ela trabalhava como assistente administrativa.

Uma das obrigações de Edmund, de acordo com sua liberdade condicional, era estudar, e assim o fez. Seu comportamento era comum, e ele chegou a tentar ser um policial, mas foi recusado, aparentemente por causa do tamanho. Diziam que Edmund não podia ser um policial devido a sua compleição; mas, ainda assim, ele tentava se aproximar dos agentes que frequentavam o bar Jury Room. Muitos ali achavam Edmund apenas irritante, mas a maioria o considerava simpático. Ele gostava de perguntar sobre as investigações, e dava opiniões baseadas em séries de televisão, pelas quais era aficionado. Os policiais o chamavam de Grande Ed, devido a seu tamanho.

Em casa, a relação com a mãe era tensa; muitas vezes discutiam violentamente. Edmund Kemper não deixava por menos, e toda a vizinhança conseguia ouvir os gritos. Por essa razão, ele foi morar com um amigo, usando as economias de seu trabalho no Departamento de Transportes da Califórnia. Porém, não abandonou a mãe, nem ela o deixou. Os dois se falavam por telefone, e Kemper a visitava quando podia, além de fornecer ajuda em dinheiro quando necessário.

Entre todas as coisas que Clarnell disse a Edmund, uma em especial marcou profundamente seu ego: que o rapaz nunca conseguiria arranjar uma garota bonita entre as estudantes da universidade onde ela trabalhava. Ed Kemper ficou obcecado com a ideia. Por que não? Afinal, era um cara muito inteligente. O pensamento ganhou força quando Edmund comprou um carro e passou a oferecer carona para as garotas da universidade. Segundo o próprio Ed, foram mais de cento e cinquenta, mas nunca as abordou; não obstante, admitiu que seus impulsos sexuais eram latentes nessa época.

A FESTA COMEÇA

Domingo, 7 de maio de 1972. Ed dirigia pela estrada e viu duas garotas pedindo carona para a Universidade de Stanford. Eram Mary Ann Pesce e Anita Luchessa, ambas com dezoito anos. Edmund parou o carro para deixá-las entrar. No caminho, ele lhes disse que trabalhava no Departamento de Transportes e que as levaria por outra rota, pois algumas avenidas estavam fechadas. Kemper, porém, as levou para uma floresta. Com a intenção de estuprá-las, primeiro amarrou Mary Ann e trancou Anita no porta-malas. Mary Ann foi esfaqueada e estrangulada, bem como Anita. Em vez de deixar os corpos no local, ele os colocou no porta-malas do veículo. Edmund voltou para o apartamento que dividia com o amigo e transou com os corpos, fotografou-os e depois os desmembrou. Antes de abandonar os restos mortais em uma montanha, Ed praticou atos sexuais com as cabeças das vítimas.

Em uma quinta-feira, 14 de setembro de 1972. Ed Kemper

repetiu a fórmula. Ele abusou da ingenuidade de uma garota de quinze anos, a quem também ofereceu carona. Ed deixou que a garota entrasse em seu carro e a levou para um lugar isolado. Ele a ameaçou com uma arma que não usou. Em vez disso, Ed sufocou a menina até que ficasse inconsciente. Então, ele a estuprou e assassinou em seguida. Edmund jogou o corpo no porta-malas, onde a escondeu enquanto bebia em um bar. Ao deixar o local, abriu o porta-malas mais uma vez para contemplar o corpo, que levou para seu apartamento, onde o violou novamente. Edmund o esquartejou ao terminar. Os restos mortais foram abandonados em uma floresta.

Antes do assassinato seguinte, Edmund Kemper conseguiu, com a ajuda da mãe e de um especialista, provar, devido ao bom comportamento, que estava reabilitado; assim foi removido dos registros de delinquência juvenil. Ninguém suspeitava, nem os amigos policiais nem a própria família, que ele já havia se tornado um *serial killer* sedento por sangue.

Domingo, 7 de janeiro de 1973. Edmund Kemper estava morando com a mãe de novo. Isso não o impediu de levar o corpo de Cynthia Ann Schall para casa, após tê-la assassinado com um tiro. O corpo ficou escondido em um armário até a manhã seguinte, quando Clarnell saiu para trabalhar. Edmund, então, dedicou-se a mutilar o cadáver com uma serra elétrica, dentro de uma banheira. Também guardou a cabeça de Cynthia para se masturbar com ela; mas, quando passou a cheirar mal, enterrou-a no jardim da casa e atirou os outros restos mortais de um penhasco.

Segunda-feira, 5 de fevereiro de 1973. Naquela época, a notícia de que um *serial killer* estava matando garotas que pediam carona na estrada já havia se espalhado. As autoridades recomendaram aos alunos que tivessem cuidado e que, se pegassem carona, que o fizessem em carros com um adesivo universitário; sabendo disso, Edmund Kemper pediu à mãe um daqueles adesivos, pois ela trabalhava na universidade. Naquela segunda-feira, Kemper foi caçar. As jovens Rosalind Heather Thorpe, de 23 anos, e Alice Helen Liu, de vinte, confiaram no Grande Ed, que as assassinou a tiros. Edmund agiu da mesma maneira: removeu as cabeças no próprio carro, escondeu os corpos em seu quarto e transou com eles. Da mesma maneira, desmembrou os cadáveres das meninas e, no dia seguinte, descartou os restos. Ele enterrou as cabeças próximo à janela do quarto da mãe.

Se você acha que os crimes cometidos por Kemper não poderiam se tornar ainda mais bizarros, errou. Prepare-se para ler a parte mais sórdida deste capítulo.

Mamãe está morta

Sexta-feira, 20 de abril de 1973. A sra. Clarnell, mãe de Edmund, voltava de uma festa e, de novo, discutiu com o filho, mas desta vez afirmou, entre outras coisas, que ela não podia transar com nenhum homem por causa do filho sem-teto. Edmund Kemper esperou que Clarnell adormecesse, foi até seu quarto e a golpeou na cabeça com um martelo. Quando ela já estava morta, cortou sua garganta e a decapitou, penetrando a cabeça diversas vezes com o pênis, pela boca e pelo buraco no pescoço.

Segundo o próprio Ed, ele gostava de penetrar a cabeça de suas vítimas pelos cortes no pescoço, porque os músculos rígidos daquela área ofereciam uma resistência que o excitava. Então colocou a cabeça da mãe em uma prateleira e, por mais de uma hora, ele a usou como alvo de dardos, gritando, entre outras coisas: "Finalmente você fodeu alguém." Ed cortou também a língua, a laringe e as cordas vocais de Clarnell e as jogou na pia. Sua intenção era destruir as partes do corpo que a mãe usou para gritar com ele durante a vida toda. E não acabou por aí: Edmund transou com o cadáver decapitado da mãe. Em seguida, o colocou no armário e se dirigiu para um bar a fim de comemorar o fim da razão de seu ódio.

Ao voltar para casa, Edmund Kemper chamou a melhor amiga

da mãe, Sally Hallet, para um almoço em sua casa. Sally concordou, e assim que chegou, Edmund a estrangulou. O cadáver de Sally teve o mesmo destino das outras vítimas de Ed. No dia seguinte, Ed decidiu fugir, deixando um bilhete para a polícia; foi para o Colorado, esperando que a polícia o buscasse, o que não aconteceu a princípio. Ele telefonou novamente para os policiais para confessar seus crimes, mas acharam que fosse um trote. Até que Ed começou a dar detalhes de outros crimes. A polícia, então, teve certeza de que Edmund Kemper, o brincalhão simpático que conheceram no bar, era o verdadeiro Maníaco das Universitárias. Quando o encontraram, Ed estava sentado em seu carro, esperando. Segundo Kemper, ele decidiu se entregar porque finalmente havia assassinado a mãe, o motivo de todas as outras mortes.

PENA DE MORTE

De acordo com a Anistia Internacional, 993 execuções foram realizadas em 23 países em 2017. Os métodos de execução utilizados durante esse período foram: decapitação, enforcamento, injeção letal e fuzilamento.

Vale a pena mencionar que a maioria desses processos judiciais não cumpriram os padrões internacionais de julgamento justo. Nossos sistemas judiciais estão realmente preparados para decidir quem vive e quem morre?

Na segunda-feira, 7 de maio de 1973, Ed foi formalmente acusado por oito homicídios em primeiro grau e, em 8 de novembro de 1973, foi condenado a oito sentenças perpétuas, porque a pena de morte havia sido suspensa na Califórnia. Desde então, Kemper tem sido um prisioneiro exemplar, inclusive colaborando muitas vezes com agentes do FBI e psicólogos para que eles entendam a mente e o modo como agem os *serial killers*. Na prisão, ele se especializou na fabricação de canecas de cerâmica e gravou centenas de audiolivros para cegos.

Será que sairá da cadeia? Você o libertaria?

Kemper declarou que é feliz na prisão, e espera ficar preso pelo resto da vida. Foi elegível para liberdade condicional em 1979, negada pela justiça, mas o próprio Ed recusou o recurso em outras ocasiões.

Em 2017, Kemper teve novamente o direito a condicional negado. Agora ele poderá ser considerado elegível novamente apenas em 2024. O meio-irmão de Kemper disse em entrevista ao *British Daily Mail* que sua família sempre viveu com medo de que um dia ele fosse libertado, e que não hesitaria em atirar se o visse em sua casa. Nessa entrevista, o meio-irmão de Kemper, que usou o pseudônimo David Weber, por razões de segurança, também argumentou que Edmund mudou a vida de toda a família e que ele tem certeza de que é um mentiroso e manipulador, e que nunca será mentalmente saudável. O homem disse ainda que nunca o perdoaria, e que gostaria de mandá-lo para o inferno, que é seu lugar.

A irmã mais velha de Edmund, Susan, morreu em 2013; tanto ela como a irmã mais nova, Allyn, admitiram que o irmão fez coisas horríveis, mas que, no fundo, é uma boa pessoa.

Será que o inferno tem espaço suficiente para receber Edmund Kemper III?

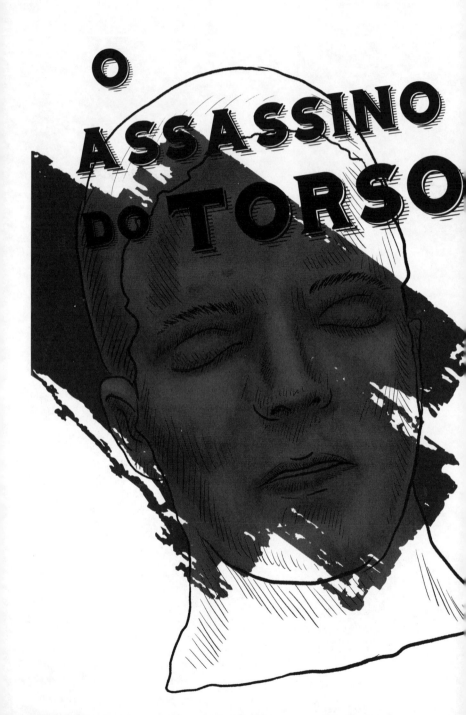

O Carniceiro de Kingsbury

Terça-feira, 7 de maio de 1957. Nesse dia, o coração de Eliot Ness parou. Ele tinha 54 anos: muitos diriam que morreu jovem, mas o alcoolismo o deixou bastante debilitado. Em seus últimos anos, viveu com a memória das glórias dos tempos em que foi responsável pela Agência de Proibição de Chicago para fazer cumprir a Lei Seca, mas, em especial, por prender Al Capone.

Eliot Ness formou-se na Universidade de Chicago e, aos 26 anos de idade, ingressou no Departamento de Justiça dos EUA. Enquanto lutava incansavelmente contra o contrabando de bebidas alcoólicas, nunca tomou uma gota de álcool. No entanto, quando a proibição terminou, em 1933, Ness tomou a primeira dose, e desde então seu vício apenas aumentou. Em parte, por isso, sua vida pessoal começou a dar errado e a carreira política nunca decolou. Ele chegou ao fundo do poço em 1942, quando sofreu um acidente de trânsito enquanto dirigia bêbado; a partir daí nunca mais se destacou em qualquer emprego, e também nunca chegou ao cargo de prefeito da cidade de Cleveland, ao qual se candidatou. Praticamente aposentado, Eliot escreveu as memórias de quando liderou o grupo de agentes incorruptíveis: os Intocáveis.

Ao longo do tempo, programas de TV policiais e filmes retrataram Eliot Ness como um herói nacional dos Estados Unidos. E ele, de fato, o foi, mas fala-se pouco acerca de seu maior fracasso: não conseguir capturar o Assassino do Torso. Vamos abrir o arquivo inacabado do homem considerado o primeiro *serial killer* dos Estados Unidos.

Esquartejados

Segunda-feira, 23 de setembro de 1935. Dois jovens caminhavam por um terreno baldio perto de uma passagem de trem, um lugar conhecido como Kingsbury Run. Embora o local remetesse a um filme de terror, os garotos não tinham ideia do que iriam encontrar. Eles se depararam com o corpo mutilado de um homem; alguém havia arrancado seu pênis, e a cabeça estava a pelo menos vinte metros do corpo. Os restos eram de Edward Andrassy, que, de acordo com os registros policiais, era um delinquente contumaz. A polícia encontrou ainda outro corpo além do de Andrassy, também decapitado e em estado avançado de decomposição, e por isso não pôde identificá-lo.

Em 26 de janeiro de 1936, um homem encontrou Florence Genevieve Polillo, uma prostituta muito atraente; em uma situação normal, haveria provavelmente um flerte, ao menos uma troca de olhares, mas Florence não poderia mais fazer isso. A mulher tinha sido assassinada, e seu corpo, oferecido a tantos homens, esquartejado. Após a morte, cortaram-na em vários pedaços. Suas coxas e seus braços foram postos em uma sacola, e seu tronco estava em outra. A cabeça não foi encontrada; mas as análises levaram os investigadores a crer, devido à rigidez da carne, que a mulher fora decapitada ainda viva. A identificação só foi possível por conta das impressões digitais.

Eliot Ness, a essa altura, já ocupava o cargo de diretor de Segurança Pública de Cleveland.

Em 5 de junho de 1936, dois menores a caminho de uma pescaria avistaram calças sob um arbusto, na área do primeiro assassinato, Kingsbury Run. Uma das crianças pegou a peça, e, ao desenrolar o tecido, a cabeça de um homem caiu. Imagine o susto dos dois, que voltaram para casa em pânico. Porém, o mais curioso é que o corpo ao qual a cabeça pertencia foi deixado em frente a uma delegacia de polícia no dia seguinte. O cadáver estava limpo e sem sangue. As várias tatuagens levaram os investigadores a pensarem que se tratava de um marinheiro. Uma foto do rosto foi veiculada publicamente, mas ninguém o reconheceu. Chamaram-no de "homem tatuado", também decapitado enquanto vivo.

Após esse crime, Eliot Ness decidiu conduzir a investigação para encontrar o Assassino do Torso, como os jornais locais o chamavam, pois o maníaco retirava os braços, as pernas e a cabeça da vítima, deixando apenas essa parte do corpo.

Quarta-feira, 22 de julho de 1936. Um homem de quarenta anos foi encontrado sem vida em uma ribanceira. As análises sugeriram, a partir da quantidade de sangue no local, que ele havia sido decapitado enquanto ainda estava vivo. A cabeça estava envolta em suas calças. Os restos pareciam em péssimo estado, porque tinham ficado expostos ao clima e à fauna local. Os especialistas calcularam que o homem já estava morto havia dois meses.

O assassino agia sem muita preocupação; uma coisa era combater o crime organizado, com cartas marcadas e bem-identificadas, outra era seguir as pistas de um homicida sádico, que se esgueirava por locais sujos e escolhia vagabundos, indigentes, delinquentes e pessoas com as quais alguém dificilmente se preocuparia.

Com essa situação em mãos, Eliot Ness deu asas à imaginação. Quais seriam as características desse assassino? Certamente tinha habilidade em esquartejar corpos. Quais ferramentas vinha utilizando? Que tipo de profissão lhe conferiria a habilidade necessária para efetuar os cortes? Um médico, talvez um açougueiro?

A TÁTICA

Os agentes de Ness, à paisana, perambulavam por bairros e lixões; muitos disfarçaram-se de desabrigados e viciados para encontrar uma pista que os levasse ao assassino. Um jornal local até ofereceu uma recompensa de mil dólares para quem fornecesse informações que levassem ao Assassino do Torso, também conhecido como o Carniceiro de Kingsbury. Entre várias hipóteses, os policiais afirmaram que se tratava de um homem grande e corpulento, já que conseguia subjugar suas vítimas, decapitá-las vivas e carregar os corpos para abandoná-los em outro local.

Escalada selvagem

Quinta-feira, 10 de setembro de 1936. Demorou quase um mês e meio para que outra vítima surgisse, mas a da vez teve um destino ainda mais brutal. Metade do torso de um homem apareceu na mesma área onde foram encontrados os primeiros corpos mutilados. Não havia pernas, braços, mãos, pés ou cabeça por perto. O que o assassino teria feito com o resto? Comido, dado aos cães?

Um ano e cinco meses já haviam se passado desde as primeiras mortes, e a investigação não parecia chegar a lugar algum. No dia 23 de fevereiro de 1937, o torso de uma mulher surgiu, mas dessa vez com um novo detalhe. O assassino inseriu um pedaço de pano no ânus do cadáver, e o deixou flutuando em um lago, o mesmo local em que outra pessoa havia sido deixada em 1934. Como se quisesse dizer que seus crimes teriam começado ali.

Rose Wallace foi a vítima seguinte do Carniceiro de Kingsbury, em 6 de junho de 1937. Os restos mortais foram abandonados, dessa vez, embaixo de uma ponte. Embora Rose tenha sido decapitada, a marca registrada desse *serial killer*, sua cabeça foi recuperada e reunida ao tronco, bem como parte das pernas. Os restos mortais foram encontrados por um adolescente que passava pelo local e os viu dentro de uma bolsa. Os membros já estavam em um estado repugnante de decomposição. Os investigadores calcularam que a vítima estava morta havia pelo menos um ano, uma conjectura que ganhou força com a data do jornal que embrulhava os restos da mulher: 5 de junho de 1936, ou seja, um ano antes, o dia exato em que o corpo do "homem tatuado" tinha sido encontrado.

Um mês depois, na terça-feira, 6 de julho, perto de um rio, o Carniceiro deixou outro pequeno presente para Eliot Ness e sua equipe: o torso decapitado de um homem, que não pôde ser identificado. As coxas estavam flutuando na água. Quando o tronco foi analisado em detalhes, os especialistas perceberam que o homicida, dessa vez, havia tirado o coração e os intestinos da vítima. Um aviso de que sua crueldade estava aumentando.

Eliot Ness, cansado, desesperado e, provavelmente, mergulhado ainda mais no alcoolismo, dividia sua atenção com casos menores. O criminoso, por sua vez, lhe deu nove meses de trégua, até 8 de abril de 1938, quando abandonou, no mesmo rio, a perna de uma mulher. Quatro semanas depois, outras extremidades apareceram e puderam se unir ao quebra-cabeça humano, mas o crânio nunca foi encontrado.

A lista de cadáveres esquartejados parou em 16 de agosto de 1938, quando dois corpos foram encontrados em um depósito de lixo. Pertenciam a uma mulher e um homem, ambos decapitados. As cabeças foram recuperadas mais tarde. Os corpos ainda estavam com as mãos, mas as impressões digitais não puderam ser identificadas. Por que o assassino não cortou as mãos daquelas pessoas, assim como fez com as outras? Será que queria deixar pistas suficientes para que os cães de caça de Ness se aproximassem? Afinal, um *serial killer* busca reconhecimento por seus crimes, e o Assassino do Torso, apesar do sangue derramado, era apenas um criminoso anônimo.

O que Ness fez? Muita coisa.

O que ele conseguiu? Nada.

ESFORÇOS INÚTEIS

Em jogo estava o prestígio do investigador; portanto, não se tratava apenas da necessidade de pegar o assassino para o bem da população, mas também do que a opinião pública diria sobre a ineficiência de Ness. Dessa maneira, o policial começou a infernizar todo mendigo que via, em uma tentativa desesperada de descobrir alguma pista que apontasse para o Assassino do Torso. Aquilo não funcionou.

A MIRA

O próximo passo de Eliot Ness foi ouvir David Cowles, chefe do laboratório criminal, que tinha um suspeito: o dr. Francis Edward Sweeney, conhecido pela constituição física e também pelo fato de ser alcoólatra, bissexual e mentalmente instável.

Não pareceu ruim, mas o dr. Sweeney era parente de um político, e isso dificultou a investigação. No entanto, Eliot Ness o submeteu a um interrogatório. De sua parte, Sweeney foi ao mesmo tempo cooperativo e zombeteiro. Podia ser meio louco, mas era muito esperto. Então Ness insinuou que o suspeito seria o Assassino do Torso; o médico se levantou e, com seu corpanzil, intimidou Eliot Ness, exigindo provas. Eliot não tinha nada. Seu faro captava culpa em Sweeney; seu desespero lhe dizia que havia algo ali, mas não tinha como incriminá-lo. O médico foi liberado. Com o tempo, Sweeney internou-se em diferentes hospitais para tratar de esquizofrenia. Passou a enviar cartas debochadas para Ness, desafiando a incapacidade do policial em provar sua culpa.

O QUE ACONTECEU COM ELIOT NESS?

Você já sabe o fim. Eliot teve que renunciar ao cargo após um acidente de carro, porque estava dirigindo bêbado. Os jornais publicaram a notícia, e ele não teve escolha a não ser deixar o posto, incapaz de esclarecer quem era o assassino. Ness é lembrado por prender Al "Scarface" Capone, mas sua carreira foi destruída pelo Carniceiro de Kingsbury.

Muitos suspeitam de que os assassinatos continuaram até os anos 1950, mas ninguém descobriu a identidade do *serial killer*, dando a entender que, sim, crimes perfeitos existem.

A MORTE DE UM INOCENTE

Na quinta-feira, 24 de agosto de 1939, Frank Dolezal, de 52 anos, nascido na Eslováquia e crescido na pobreza, foi preso. A polícia chegou a ele porque descobriu sua ligação com Florence Genevieve Polillo, a prostituta morta. Após ser torturado em interrogatório, Frank não aguentou e confessou que era o Assassino do Torso. Entretanto, foi uma confissão falsa, porque ele nunca foi capaz de dar detalhes dos supostos assassinatos que havia cometido. Mesmo assim, Frank seria levado a julgamento. Antes disso, porém, tirou a própria vida, às vésperas de ir ao tribunal. Morreu como suspeito, e somente em 2010 as autoridades reconheceram sua inocência.

IMPRESSÕES DIGITAIS

O conhecimento de que todo ser humano no planeta tem um conjunto único de marcas nas pontas dos dedos parece básico, mas nem sempre foi assim tão óbvio. As impressões por fricção da pele foram muito usadas na China, em 300 a.C., e no Japão, em 702 d.C., como provas de identidade. Há muitas outras referências a seu uso na Antiguidade, mas o primeiro julgamento moderno baseado em provas de impressões digitais ocorreu na Inglaterra, em 1902, envolvendo o inspetor Charles Stockley Collins, da Scotland Yard, em um caso de roubo.

Em 13 de maio de 2014, um livro com título inquietante foi publicado nos Estados Unidos. Na capa, era possível ler, em letras garrafais: "O animal mais perigoso de todos", e, em letras menores, "Em busca do meu pai... encontrei o Assassino do Zodíaco". O texto é de autoria de Gary L. Stewart e Susan Mustafa.

Muitos meios de comunicação divulgaram o livro por duas razões: primeira, o caso do Assassino do Zodíaco continua aberto, e qualquer assunto relacionado a ele causa comoção; e segunda, ainda melhor, um dos autores, Gary L. Stewart, assegura que é o filho biológico do *serial killer* que aterrorizou a Califórnia, nos Estados Unidos, no fim da década de 1960. No livro, Gary promete revelar a identidade do assassino.

Bastardo

Gary L. Stewart tem total convicção de que Earl Van Best Jr. era o chamado Assassino do Zodíaco.

Stewart conta em suas memórias que conheceu a mãe biológica, Judith Gilford, em 2002. Ele cresceu no estado da Louisiana com os pais adotivos, Leona e Loyd. Ao ter notícias da mulher que o deu à luz, decidiu viajar para São Francisco a fim de conhecê-la. Judith lhe contou que conheceu Earl Van Best Jr. em uma sorveteria. Eles ficaram noivos, fugiram juntos e se casaram em Reno, Nevada; ela engravidou aos catorze anos, e então os dois se mudaram para Nova Orleans, onde Stewart nasceu. Porém, Earl não quis cuidar do bebê, e a mãe o levou para Baton Rouge, outra cidade da Louisiana, quando Gary tinha apenas um mês, e o abandonou próximo a um condomínio. Mais tarde, Earl, aos 27 anos, foi preso e julgado por abuso de menores.

Após conhecer a mãe, Gary quis saber mais sobre o pai, e até mesmo encontrá-lo para perdoá-lo. Então começou a pesquisar sobre Earl. De 2002 a 2012, Gary reuniu informações que levantaram suspeitas de que o pai biológico e o Assassino do Zodíaco seriam a mesma pessoa. Entre outras coisas, Gary descobriu que Earl tinha uma cicatriz na mão, assim como o homicida em série; a assinatura de ambos também era muito parecida. Ele ainda declarou ter encontrado, em um dos criptogramas do famoso assassino, o nome Earl, e que seu rosto bate com o retrato falado.

MANUSCRITOS

Em 2012, Gary e Susan Mustafa, coautora do livro, buscaram o auxílio de Michael Wakshull, um examinador de documentos forense. A ele entregaram quatro textos escritos por Earl Van Best Jr. com a intenção de que Wakshull os comparasse com a caligrafia do assassino. Michael coletou novamente as evidências para comparar o material, uma tarefa ingrata, mas, no fim, conseguiu ligar pelo menos sessenta documentos ao Assassino do Zodíaco.

Legião enganada

Após sua pesquisa, Michael Wakshull afirmou: "Concluí que é praticamente certo que os autores dos documentos [analisados] são a mesma pessoa. Em toda a minha carreira profissional, nunca vi caligrafias tão parecidas."

A pesquisa e seus resultados foram entregues à polícia de São Francisco, mas o próprio Gary alega que as autoridades descartaram a hipótese sem investigar.

Deve-se notar que Earl Van Best Jr. é apenas um entre mais de 2.500 suspeitos que os investigadores acumularam desde o início da busca pelo Assassino do Zodíaco. As autoridades coletaram diversas provas, mas muitos fãs e obcecados pelo caso levantaram hipóteses, nomes e apontaram possíveis culpados.

Vejamos o arquivo do *serial killer* anônimo que ficou conhecido como o Assassino do Zodíaco.

Tiros na noite

Sexta-feira, 20 de dezembro de 1968. Mãos suadas, frio na barriga e pupilas dilatadas denunciavam o nervosismo de Betty Lou Jensen e David Faraday: os dois gostavam um do outro. Os hormônios estavam aflorados entre eles. Ela tinha dezesseis anos, e ele, dezessete; era o primeiro encontro do casal. Estavam estacionados na Lake Herman Road, a leste de Vallejo, Califórnia. O local estava escuro, condições ideais para quem busca privacidade. Por volta das onze da noite, outro carro parou a seu lado. O motorista do outro veículo saiu e atirou na janela e em um dos pneus do carro do casal. Betty saiu do automóvel momentos antes de o assassino colocar uma bala na cabeça de David, que caiu, em agonia. O atirador, então, alcançou Betty e atirou cinco vezes em suas costas. A garota morreu no local, e David, a caminho do hospital. Não havia pistas suficientes para iniciar uma investigação formal.

A ESPOSA E O AMANTE

Quinta-feira, 4 de julho de 1969. Darlene Elizabeth Ferrin, de 22 anos, pediu que a babá ficasse com sua filha além da hora, porque, segundo ela, tinha que comprar algumas coisas que o marido pedira. Na verdade, Darlene sairia para se encontrar com o amante, Michael Renault Mageau, de dezenove anos. Em seu carro, Darlene o levou até um estacionamento em Blue Rock Springs, um campo de golfe em Vallejo, Califórnia. Estavam no meio do caminho quando notaram que um veículo os seguia; Darlene tentou despistá-lo, mas não conseguiu. No campo de golfe, o casal bateu em uma árvore. O veículo que os seguia parou ao lado deles. Vários minutos se passaram até que o estranho deixou o local. Darlene e Michael se assustaram, mas se acalmaram em seguida; alguns minutos depois, no início da madrugada de 5 de julho, o carro que os perseguiu voltou e estacionou atrás deles, bloqueando a saída. Um homem desceu do veículo e os iluminou com uma lanterna. Os jovens pensaram que era um policial; o sujeito atirou cinco vezes e voltou a seu veículo. Antes de sair, ouviu os gemidos de Michael. Então decidiu disparar mais quatro balas, duas atingiram e mataram Darlene. Outra atingiu Michael, e a quarta desapareceu. O assassino ligou o carro e fugiu. Darlene estava morta. Michael sobreviveu apenas porque os projéteis atravessaram suas bochechas, e não chegaram ao cérebro. No depoimento, o jovem descreveu o assassino como alguém de pele branca, óculos, cabelos castanho-claros, encaracolados, e entre 25 e 30 anos.

 À 0h40 do mesmo dia, o telefone da polícia de Vallejo tocou; um homem ligou para denunciar o duplo assassinato que cometera e reivindicou a responsabilidade pela morte de Betty Lou Jensen e David Faraday, sete meses antes.

 À 1h30 da manhã, o telefone da casa de Darlene tocou. Seu marido, Dean, já havia chegado do trabalho, acompanhado de alguns amigos, para continuar comemorando o dia da independência dos

Estados Unidos; quando atendeu, ouviu apenas suspiros. Dean recebeu ainda uma segunda chamada com os mesmos sons. Pouco tempo depois, a polícia informou a ele que a esposa tinha sido baleada junto ao amante.

Código

Até agora, dois eventos sanguinolentos, quatro jovens baleados, dois casais ávidos por aventuras amorosas e dois atos sexuais interrompidos pela violência; o responsável era um homem que não queria apenas matar, mas também ficar famoso por colocar as autoridades em xeque. Então, como uma espécie de homenagem, o assassino passou a copiar Jack, o Estripador: começou a escrever.

Sexta-feira, 1º de agosto de 1969. As caixas de correios de três jornais amanheceram com cartas de um remetente estranho. O *The San Francisco Examiner*, o *San Francisco Chronicle* e o *Vallejo Times-Herald* receberam as primeiras mensagens do predador à solta. Cada carta era muito parecida com a outra, quase dizendo a mesma coisa. Nelas, o autor dos disparos admitia seu envolvimento e contava detalhes sobre os incidentes. Além disso, o selo de cada uma continha um código com símbolos, uma linguagem para ser decifrada. A assinatura do remetente era um círculo riscado com uma cruz, como o logotipo da marca de relógios Zodiac.

A primeira mensagem tinha um pedido claro: os três jornais deveriam publicar o texto na primeira página, incluindo o criptograma, no qual revelava sua identidade. Se não o fizessem, haveria retaliação. O remetente afirmou que, se fosse ignorado, escolheria doze pessoas ao acaso para matar. A ameaça surtiu efeito, porque os editores sabiam das mortes anteriores e temiam que houvesse novas vítimas. Publicaram, então, os textos em suas manchetes.

As vendas dos jornais dispararam, mas os periódicos também forneceram cópias das mensagens à polícia para que as autoridades decifrassem o conjunto de símbolos gregos, astrológicos, código Morse, sinais marítimos, entre outros. Por conta própria,

Jack Stiltz, diretor da polícia de Vallejo, solicitou publicamente que o autor das mensagens enviasse mais dados para confirmar que tinha sido ele o autor dos homicídios.

Em 4 de agosto, o criminoso enviou uma nova correspondência, insistindo que sua identidade estava nos códigos anteriores e fornecendo detalhes dos assassinatos que só ele e a polícia conheciam. Nos novos escritos, já se autodenominava Zodíaco. As autoridades levaram o caso a sério. O público acompanhava as notícias.

A tradução

Em uma sexta-feira, 8 de agosto, a mensagem em códigos da primeira carta de Zodíaco foi decifrada e lida, como se segue:

> Gosto de matar pessoas porque é muito mais divertido do que matar animais selvagens na floresta. Porque o homem é o animal mais perigoso de todos. Matar é, das experiências, a mais excitante. É ainda melhor do que dormir com uma garota, e o melhor de tudo: quando morrer, renascerei no Paraíso, e todos os que matei serão meus súditos. Não revelarei meu nome porque vocês tentarão atrasar ou impedir os planos para minha vida no além.

O curioso é que a tradução acima não é de nenhum agente do FBI ou da CIA, mas do casal Donald e Betty Harden. Donald tinha 41 anos, era professor de história e economia, mas desde criança decifrava mensagens, chaves ou códigos como passatempo. Quando os jornais publicaram os códigos, dedicou-se a decifrá-los. Durante três horas, sozinho, Donald se debruçou sobre a tarefa e se deu conta de que o autor havia elaborado uma chave de substituição, ou seja, cada letra do alfabeto correspondia a um símbolo, letra, desenho ou figura. Porém, eram muitos e em uma ordem complicadíssima para compreendê-los.

Donald estava prestes a desistir quando Betty passou a se dedicar à tarefa. A participação da esposa foi crucial, porque Betty supôs que, assim como todos os *serial killers*, o ego e a necessidade de reconhecimento do homicida deviam estar representados por pronomes como "eu". Além disso, Betty apostou que uma das frases transmitia seu prazer em matar, e ela estava certa: a primeira linha da mensagem era "Gosto de matar".

Levou um pouco menos de 24 horas para que o casal descobrisse o código criado por Zodíaco. Donald Harden, então, ligou para o *San Francisco Chronicle* e lhes disse que tinha a solução em mãos, mas foi informado de que deveria enviar sua interpretação às autoridades para verificação, assim como muitas outras que haviam chegado à redação. O casal assim o fez. Alguns dias depois, o serviço de inteligência confirmou que os Harden tinham decifrado a mensagem.

ASSINATURA DE SANGUE

Nem todo o texto foi decifrado pelos Harden. No fim da carta, Zodíaco escreveu "EBEORIETEMETHHPITI", uma sequência de letras, talvez a assinatura e o nome real do criminoso, que ninguém foi capaz de traduzir.

Carrasco

2Sábado, 27 de setembro de 1969. Outro casal, Cecilia Shepard e Bryan Hartnell, passou a tarde em um piquenique às margens do lago Berryessa. Em dado instante, Cecilia notou a silhueta de um homem que os observava ao longe, mas que sumiu no matagal próximo. Minutos depois, ela percebeu que sua visão era real. Um homem saiu do mato e caminhou em sua direção. A menos de dez passos, Cecília disse, assustada, que o sujeito estava armado, mas o que mais alarmou o casal foi o traje do visitante. Ele usava um capuz semelhante ao usado por carrascos, que lhe cobria o rosto e tinha furos apenas nos olhos e na boca. No entanto, o homem usava também óculos escuros que não deixavam seus olhos à mostra.

Ele aproximou-se lentamente de Cecília e Bryan, apontando a arma para eles e pedindo dinheiro e as chaves do carro. "Quero o carro para ir ao México", disse o estranho. Bryan obedeceu, mas o homem jogou fora as chaves do veículo e guardou o dinheiro e a arma. "Sou presidiário, escapei de Der Lodge, Montana, matei um guarda na prisão. Tenho um carro roubado e nada a perder", disse o assaltante. Então puxou uma faca longa e um pedaço de corda e ordenou que o casal se amarrasse. Cecília atou Bryan primeiro, e o homem do capuz prendeu a moça ao namorado.

A descrição a seguir é cruel.

O homem apunhalou Bryan diversas vezes nas costas. O sangue espirrou em Cecilia, que agonizava de terror. Em seguida, o criminoso partiu para Cecilia e a apunhalou severamente na cintura. Também a esfaqueou em cada seio, na virilha e, novamente, na cintura. Foram 24 facadas no corpo de Cecilia, 24 cortes para formar o mesmo símbolo com o qual assinou as cartas: o logotipo do Zodíaco.

O assassino deixou o casal sangrando para morrer. Foi até a estrada e, ao chegar ao carro de Bryan, usou a porta do carona como uma tela para marcar o símbolo do Zodíaco e as datas dos três ataques que havia perpetrado: "Vallejo, 20-12-68 / 04-07-69 / Set. 27-69-6:30/esfaqueados".

Quando o encapuzado foi embora, o casal, como pôde, soltou-se das amarras e gritou por socorro, sem conseguir alcançar o carro devido à gravidade dos ferimentos. Um pai e seu filho, que pescavam próximo, ouviram os gritos e foram ajudar Cecília e Bryan. Eles chamaram a polícia, que chegou ao local e anotou a descrição do agressor. Assim que a ambulância chegou, o casal foi transferido para um hospital em Napa. Cecilia morreu alguns dias depois. Bryan sobreviveu para contar mais sobre o que aconteceu.

Um grande erro

Sábado, 11 de outubro de 1969. Paul Stine, de 29 anos, já havia realizado muitas corridas pela cidade em seu táxi. O que ele não sabia era que faria a última viagem naquela noite. Um homem corpulento fez sinal, entrou no carro e disse a Paul para levá-lo à região de Presidio Heights. Próximo ao endereço, o estranho passageiro pediu ao taxista que avançasse por mais um quarteirão. Quando pararam, o homem atacou Paul e o imobilizou pelo pescoço com um dos braços. Com a outra mão, colocou a arma sobre a bochecha do taxista e atirou. A bala penetrou o crânio do nobre motorista. O assassino, então, pegou a carteira de Paul, rasgou sua camisa e fugiu, sem perceber que três jovens, em uma casa do outro lado da rua, observavam tudo. Eles chamaram a polícia e descreveram o assassino como um homem grande, branco, com um corte de cabelo peculiar. O oficial que atendeu à chamada alertou, equivocadamente, que se tratava de um homem negro. Um grande erro, porque, poucos minutos após a denúncia, alguns policiais localizaram um sujeito andando nas ruas próximas à área do assassinato, com as mesmas características, exceto a cor da pele. Sem saber, deixaram Zodíaco escapar.

A polícia teve que se contentar com a colaboração dos três jovens que testemunharam a morte do taxista para produzir um retrato falado do assassino.

Por que Zodíaco rasgou a camisa de Paul Stine? A resposta veio três dias depois.

Na terça-feira, 14 de outubro de 1969, o assassino escreveu outra carta.

A correspondência chegou ao *San Francisco Chronicle* em um pano cheio de sangue: era a camisa do homem. A nota continha, entre outras coisas, a seguinte mensagem:

Sou Zodíaco. Fui eu quem matou o taxista na esquina da Washington com a Maple ontem à noite. Como prova, aqui está um pedaço da camisa ensanguentada. Sou o mesmo cara que matou aquelas pessoas ao norte da baía. A polícia de San Francisco poderia ter me capturado ontem à noite, se tivesse vasculhado bem o parque em vez de ver quem fazia mais barulho com suas motos. Os motoristas deveriam ter esperado em silêncio dentro dos carros até que eu saísse do esconderijo.

Porém, a pior parte da carta foi a seguinte ameaça: "Os estudantes são um bom alvo. Acho que amanhã vou roubar um ônibus escolar. Vou atirar na roda da frente e depois acabar com todos eles quando saírem correndo."

TRÉGUA TÊNUE

Até aqui, foram relatados todos os assassinatos e ataques do Zodíaco confirmados pelos investigadores. Houve suspeitas de outros, incluindo o caso de uma repórter chamada Kathleen Johns, que denunciou um homem que a sequestrou, com a filha de dez anos, por duas horas, até que elas saltaram de um veículo em movimento para se salvar. Kathleen afirmou que o sequestrador tinha os traços do retrato falado de Zodíaco, mas a polícia não levou seu testemunho a sério porque havia diversas inconsistências em interrogatórios e entrevistas que a mulher concedeu.

O que Zodíaco fez? A princípio, parou de matar e enviou apenas algumas cartas para continuar chamando atenção. Repito: a princípio.

Algumas mensagens que continuaram chegando às redações dos jornais coincidiam com o estilo de Zodíaco. Outras foram descartadas. Uma das que foram levadas a sério chegou ao *San Francisco Chronicle*. O texto ameaçava matar o jornalista Paul Avery, que cobria os assassinatos. Aparentemente, a opinião de Avery perturbou o homicida, e seu ultimato foi enviar-lhe um cartão de Halloween no qual ele escreveu, no verso, "Uni, duni, tê: você já era". A mensagem foi publicada na primeira página do jornal, e o medo assombrou o jornalista pelo resto da vida. Avery nunca mais teve paz por temer a todo instante que Zodíaco o mataria.

As investigações oficiais apontam que o último texto autêntico enviado por Zodíaco foi na segunda-feira, 24 de abril de 1978, novamente para o *San Francisco Chronicle*. No escrito, o assassino admitia que um dos detetives que o investigava, Dave Toschi, era talentoso, mas que ele era mais esperto; além disso, esperava que fizessem um filme sobre sua história e se perguntava quem o interpretaria. Vale lembrar que, em 2007, o diretor David Fincher lançou o filme *Zodíaco*, baseado nos eventos que envolveram o *serial killer*.

Houve muitas críticas positivas sobre o filme. Alguns até se referiam a ele como a obra-prima do cineasta. Jake Gyllenhaal interpretou Robert Graysmith, um cartunista do *San Francisco Chronicle*, e Mark Ruffalo, o inspetor Dave Toschi; Robert Downey Jr. atuou como Paul Avery, o jornalista ameaçado por Zodíaco; e John Carroll Lynch fez o papel de Arthur Leigh Allen, um dos principais suspeitos.

CRIPTOGRAMAS

O dicionário define criptografia como a "arte de escrever por meio de um código secreto ou de forma enigmática". As mensagens codificadas foram usadas por governantes e militares no Egito, na Babilônia, em Roma e até mesmo pela famosa máquina Enigma, durante a Segunda Guerra Mundial. Existem métodos simples, como a cítala, muito usada por Júlio César e baseada na substituição de cada letra pela que vem três posições adiante no alfabeto latino. Os sistemas matemáticos complexos podem ser usados para gerar códigos de computador ou para esconder um *serial killer*.

No centro das atenções

Quem era Arthur Leigh Allen? Por que era um suspeito? Por que nunca foi incriminado?

Allen nasceu em Honolulu, Havaí, em 18 de dezembro de

1933. Entre as razões pelas quais foi apontado como um dos suspeitos de ser Zodíaco, para muitos o principal, está no relato de um amigo, que o denunciou por ouvi-lo dizer que pretendia assassinar casais sob o pseudônimo de Zodíaco. Além disso, Allen tinha um relógio Zodiac que sua mãe lhe dera em 1967 e botas com sola e tamanho correspondentes às marcas encontradas na cena do assassinato de Bryan Hartnell e Cecilia Shepard. Allen também tinha sido preso, acusado de pedofilia, gostava de caçar, e várias facas ensanguentadas foram encontradas com ele na mesma data do assassinato de Bryan e Cecilia. Ele se declarou inocente, mas várias provas circunstanciais o mantiveram ligado à investigação até 26 de agosto de 1992, data de sua morte. Em defesa de Arthur, deve-se notar que, ao comparar sua caligrafia às cartas de Zodíaco, nenhum teste de impressões digitais e análise de DNA com a tecnologia do século XXI conseguiu ligá-lo à identidade do assassino.

Dessa forma, Zodíaco terminou responsável por cinco crimes, bem como Jack, o Estripador. Ele enviou cartas, tal qual o assassino de Whitechapel, e, também, manteve sua identidade envolva em mistério... Ou talvez não, porque, em 2016, foi publicado no jornal britânico *Daily Star* que Zodíaco era, na verdade, Dennis Rader, outro *serial killer* conhecido como BTK, um sádico que cometeu múltiplos homicídios e de quem falaremos no próximo capítulo. Será?

O assassino BTK

No capítulo anterior, vimos que a possibilidade de Dennis Rader ser o Assassino do Zodíaco, cuja identidade é um mistério até hoje, ainda existe. Rader foi um *serial killer*, preso no dia 25 de fevereiro de 2005, mas nunca esteve ligado diretamente ao caso de Zodíaco nem admitiu que era o criminoso.

Quem era Dennis Rader e como ele se conecta ao Assassino do Zodíaco?

Coincidências sangrentas

No sábado, 6 de fevereiro de 2016, o jornal britânico *Daily Star* publicou um artigo com o título: "Finalmente revelada a identidade do Assassino do Zodíaco... um homicida em série declarado." A matéria exclusiva, assinada por Chris Summers, publicou o depoimento de Kimberly McGath, uma detetive aposentada que, durante dois anos, analisou e comparou a caligrafia das cartas dos dois *serial killers*; de acordo com sua *expertise*, ela apontou diversas semelhanças entre os dois criminosos.

Kimberly argumentou que nunca associaram Rader a Zodíaco porque, na época dos crimes, ele estava no Japão, a serviço da Força Aérea Americana. McGath acrescentou que os escritos de ambos empregavam palavras como "brincar", "caçar", "glorificação".

A ex-detetive foi questionada sobre sua hipótese, já que o Zodíaco matava pessoas ao ar livre, na rua, enquanto Dennis Rader invadia as casas das vítimas; McGath justificou a mudança do *modus operandi* porque Rader não era conhecido na Califórnia; já em Wichita, ele corria o risco de ser identificado. Por isso optou por crimes dentro da casa das vítimas.

Qual é a validade da análise de Kimberly McGath? Tão confiável quanto as dezenas de hipóteses geradas sobre o Zodíaco ao longo dos anos. Kimberly procurou as autoridades nos estados do Kansas e da Califórnia, mas não conseguiu que a ouvissem.

Será que Zodíaco já foi pego com o apelido de outro assassino?

Teria uma ex-detetive sido capaz de resolver um caso apenas estudando o que muitos já haviam analisado antes?

Teria Dennis Rader sido o Assassino do Zodíaco na Califórnia e o assassino BTK em Kansas, mas não confessado a autoria dos crimes como Zodíaco para manter intacto o legado de um criminoso que não foi pego?

A seguir, vamos averiguar o arquivo de Dennis Rader, o BTK.

Ingenuidade aparente

Dennis Lynn Rader nasceu em 9 de março de 1945, em Pittsburgh, Kansas. O primeiro dos quatro filhos do casal William Elvin Rader e Dorothea Mae Cook. Seu pai era fuzileiro naval, e, em algum momento da infância de Rader, a família inteira se mudou para Wichita.

O menino Dennis não era um aluno excepcional. Frequentou a Igreja Luterana e foi membro dos escoteiros. Digamos que era um garoto como qualquer outro, e até mesmo ingênuo. Porém, por trás desse comportamento, Dennis Rader imaginava coisas cruéis e maníacas, tal como abusar sexualmente de sua atriz favorita, Annette Funicello, que aparecia no programa *The Mickey Mouse Club*. Mas não apenas isso: Rader demonstrou cedo uma das características mais comuns dos *serial killers*: mutilar e torturar animais.

MASTURBAÇÃO PERVERSA

Quando criança, Rader passou a se masturbar, uma prática comum, que muitos considerariam normal. No entanto, Dennis acrescentava um elemento alarmante ao ato: procurava fotos de mulheres jovens em revistas e desenhava cordas sobre as imagens, como se as modelos fossem amarradas e amordaçadas por ele.

Assassino em treinamento

Na adolescência, Dennis se tornou um jovem atraente. Na escola, no entanto, era um entre muitos. Trabalhou em um supermercado por certo tempo, mas a atividade de que mais gostava era perseguir garotas na rua, um hobby arrepiante. Ao acaso, Dennis escolhia alguém e andava próximo à moça, como se estivesse caçando, embora nunca, até então, tivesse ferido alguém.

Logo, Dennis buscou uma prática mais ousada, excitante para sua ansiedade: começou a invadir casas e praticar pequenos furtos. Os objetos que almejava satisfaziam seu fetichismo: itens femininos, como lingeries.

Em 1966, Dennis Rader já havia passado dos 21 anos. Por isso, entrou para a Força Aérea Americana, o que o levou a deixar a cidade natal e viajar para Texas, Grécia, Coreia, Turquia e Alabama. No fim de sua carreira, serviu em uma base militar perto de Tóquio, no Japão.

Como era seu comportamento na aeronáutica? Bom, muito bom. Dennis foi, de fato, condecorado pelo bom desempenho; sem o uniforme militar, no entanto, perdeu o respeito próprio e retomou a busca do alívio para suas perversões.

Dennis contratava prostitutas, principalmente em bordéis. Acreditava que, se pagasse, poderia fazer o que quisesse. Seu maior prazer era o que chamamos atualmente de *bondage* (em francês, "escravidão" ou "cativeiro"), uma atividade erótica que consiste em imobilizar outra pessoa, ou a si próprio, com cordas, cintos, correntes, algemas, pedaços de pano, arames ou qualquer ferramenta que sirva para prender o corpo. Sim, Dennis Rader excitava-se ao impor castigos na hora do sexo; gostava de pensar que tinha controle absoluto sobre a mulher que penetrava, mas, como muitas prostitutas não se prestavam àquele sadismo, Dennis voltou à masturbação. Ele alugava quartos de hotel para praticar os atos no próprio corpo: amarrava a si mesmo como podia, colocava um saco plástico na cabeça para diminuir o ar e manipulava o pênis até ejacular.

Açougueiro

Em 1970, quando Dennis Rader terminou seu serviço na força aérea, decidiu voltar para Wichita, onde já havia trabalhado em um supermercado, ironicamente no departamento de carnes. Um ano depois, Dennis Rader encontrou o amor e casou-se, em

22 de maio de 1971, com Paula Dietz, de 23 anos, uma mulher de sangue germano-americano, que seguia a mesma religião de Dennis. Parecia que os anos de prazeres ocultos e pensamentos mórbidos tinham acabado para Rader, pois ele formou uma família que cresceu quatro anos depois, com o nascimento do primeiro filho, Brian Howard Rader, em 1975, e da filha, Kerri Lynn, em 1978.

Em 1973, Dennis ficou desempregado após duas contratações. Tinha pouco dinheiro e muito tempo livre. Sua mente, então, passou a se refugiar nos mesmos pensamentos doentios que lhe davam prazer tempos antes: "Como seria estrangular uma mulher?" Essa ponderação o arremetia frequentemente, uma ideia que impulsionou Dennis em sua carreira como *serial killer*. Sem demora, passou a observar as universitárias nos alojamentos. Dennis as imaginava amarradas e torturadas pelas mãos dele.

Em janeiro de 1974, uma família de origem hispânica não imaginava que, ao se mudar para perto de onde Dennis residia, havia assinado sua sentença de morte. A princípio, Dennis não se aproximou dos Otero, mas começou a observá-los, em especial Julie Otero, a matriarca de 34 anos, e Josephine, sua filha, de onze. Enquanto vigiava a família, juntou um kit que incluía uma pistola, cordas, facas, algemas, uma roupa especial e uma máscara.

APRENDENDO A MATAR

Na terça-feira, 15 de janeiro de 1974, às 7h30 da manhã, Dennis Rader cortou a linha telefônica da casa da família Otero e entrou pela porta dos fundos. Supôs que Julie e Josephine estariam sozinhas, mas Joseph Otero, de 38 anos, e Joseph Jr., de nove, também se encontravam na residência; o outro filho já havia saído para a escola. Dennis apontou uma arma para eles e inventou que era um fugitivo, e que só queria comer algo e escapar com o carro da família, mas amarrou os quatro e depois estrangulou-os um a um.

O que ele fez em seguida? Dennis estava excitado, mas não estuprou as mulheres. Preferiu, em vez disso, se masturbar em vários lugares, espalhando sêmen pela casa. Ele recolheu seu material, pegou o relógio do sr. Otero e fugiu no carro da família. Mais tarde, Charlie Otero voltou da escola e encontrou os corpos dos pais e irmãos; o jovem pôde apenas chamar a polícia, que registrou os assassinatos. Começou, assim, o currículo criminoso de Dennis Rader, e uma longa e incansável investigação.

Correspondência

Quinta-feira, 4 de abril de 1974. Quase três meses depois da morte dos Otero, Dennis Rader caçava de novo. Desta vez, a vítima era Kathryn Brigth, de 21 anos. Ela e o irmão, Kevin, chegaram em casa, onde Dennis os surpreendeu apontando uma arma para os dois. Rader ordenou que o jovem amarrasse a irmã, depois levou Kevin a outro quarto para estrangulá-lo, mas o garoto reagiu e conseguiu fugir, embora tenha levado dois tiros nas costas. Ele conseguiu chamar a polícia, mas não voltou a tempo. Kathryn foi esfaqueada três vezes no abdômen e agonizou amarrada a uma cadeira. Rader escapou.

A polícia intensificou a investigação e obteve a confissão de três pessoas que reivindicaram a responsabilidade pelo assassinato da família Otero. Em vez de se tranquilizar por não estar no radar da polícia, Dennis foi tomado pela raiva, porque, como qualquer assassino em série, buscava créditos por seus crimes e não queria dividi-los com ninguém. Rader, então, começou a imitar Jack, o Estripador, e Zodíaco, ou seja: começou a escrever cartas.

Dennis entrou em contato com um jornal de Wichita, o *Eagle-Bacon*, e informou que eles conseguiriam mais informações sobre o assassinato da família Otero se fossem à biblioteca pública da cidade. No local foi encontrado um livro de engenharia com uma carta dentro. Assim surgiram as correspondências assinadas por BTK.

A carta deixada por Dennis na biblioteca começava com as seguintes palavras, todas em letras maiúsculas: "O CASO OTERO". No texto, Rader admitia o assassinato dos quatro membros da família e desmentia os supostos assassinos que assumiram a autoria do crime. Foi no pós-escrito que Dennis deixou um detalhe importante, que mais tarde lhe concederia o apelido criminoso.

Dennis escreveu:

> Já que os criminosos sexuais não mudam seu modus operandi, nem podem, porque essa é sua natureza, não vou mudar o meu. Minhas palavras-chave são: amarrar, torturar, matar. BTK: vocês as encontrarão novamente. Será assim com a próxima vítima.

O NOME DA MORTE

É necessário esclarecer que a frase "amarrar, torturar, matar", em inglês, se escreve *bind, torture, kill*. A inicial de cada palavra forma o apelido desse criminoso: BTK.

RETORNO INFAME

Após a carta, Dennis Rader desapareceu por pelo menos três anos.

No entanto, no dia 17 de março de 1977, BTK voltou à caça; quando um dos filhos de Shirley Vian, de 24 anos, abriu a porta da casa a pedido da mãe, o criminoso invadiu o local e não se importou que a mulher estivesse acompanhada das três crianças, que não foram à escola naquele dia. Rader trancou-as no banheiro, sem machucá-las fisicamente. Após um tempo, as crianças saíram e encontraram a mãe já sem vida. Como BTK havia antecipado três anos antes, o homem amarrou as mãos e os pés de Shirley, enforcou-a com uma corda e pôs seu corpo sobre a cama. Em seguida, colocou uma sacola plástica em sua cabeça e se masturbou. O assassino se assustou com o som do telefone momentos depois e fugiu. Por isso, deixou as crianças vivas.

Quinta-feira, 8 de dezembro de 1977. Depois das 21h, Dennis invadiu o apartamento de Nancy Fox, de 25 anos, sem que ela percebesse. No local, ele a ameaçou, amarrou-a na cama e a enforcou com uma meia-calça. BTK deixou o local, e, na manhã seguinte, sexta-feira, 9 de dezembro, por volta das 8h, a polícia recebeu um telefonema. Rader, sem dizer que era o responsável, ligou de uma cabine telefônica para fornecer um endereço e dizer: "Nancy Fox. Houve um assassinato." Quando os agentes chegaram ao apartamento, descobriram Nancy morta, seminua.

Terça-feira, 31 de janeiro de 1978. O jornal *Eagle-Bacon* recebeu uma nova correspondência, na qual havia uma tentativa de poema, que dizia: "Os pequeninos cachos de Shirley, os pequeninos cachos de Shirley murcharão, mas serão meus." A carta não estava assinada.

Sexta-feira, 10 de fevereiro de 1978. Uma carta chegou ao canal KAKE. Nela, o assassino BTK reivindicou a responsabilidade pelos assassinatos de Shirley Vian e Nancy Fox. O texto exigiu a atenção da mídia e das autoridades. Rader achava que seus crimes não estavam suficientemente relacionados a ele. Entre outras coisas, escreveu:

> *Quantas pessoas mais terei que matar antes que meu nome apareça nos jornais e ganhe importância nacional? Depois de assistir à Fox, voltarei para casa e continuarei minha vida como qualquer outra pessoa. E assim será até que o bichinho entre em minha cabeça de novo.*

Ele ainda acrescentou:

> *Tenho dificuldade de me controlar quando este monstro entra em meu cérebro: talvez vocês possam pará-lo, eu, não. Ele já escolheu a próxima vítima.*

GOLPE DE SORTE

Sábado, 28 de abril de 1979. Fran Dreier, de 63 anos, teve o maior golpe de sorte de sua vida. Ela chegou em casa quase à meia-noite. O lugar estava revirado, com sinais claros de que alguém invadira a casa.

Fran chamou a polícia, que investigou. Algum tempo depois, a sra. Dreier recebeu um envelope com algumas das joias que foram roubadas. Havia também um desenho e um poema.

O texto foi escrito pelo invasor, que se disse muito decepcionado por não a ter encontrado em casa: "Fique feliz por não estar em casa; eu estive aqui." Fran mudou-se para outra cidade sem avisar a polícia.

No mesmo ano, em 15 de agosto de 1979, os investigadores solicitaram a ajuda da população para encontrar o assassino BTK. As autoridades grampearam um telefonema no qual Dennis Rader denunciou o assassinato de Nancy Fox. Sua voz foi transmitida pelo rádio e pela televisão. No mesmo dia, receberam cerca de cem denúncias de pessoas que afirmavam saber quem era BTK.

Deve-se notar que, desde o crime de Nancy Fox, em 1977, Dennis Rader não matou ninguém até 1985. O que ele fazia? Como era sua vida?

De 1974 a 1988, Dennis trabalhou para uma empresa que instalava alarmes e sistemas de segurança em residências e empresas. Levava uma vida normal, aparentemente calma e com um comportamento impecável. Mantinha a rotina de qualquer pessoa casada, com dois filhos, era extremamente religioso. Ninguém suspeitava do monstro que era.

Vida dupla

A autora do livro *Confession of a serial killer: The untold story of Dennis Rader, the BTK killer* [Confissões de um serial killer: a história não contada de Dennis Rader, o assassino BTK, em tradução livre], Katherine Ramsland, explica que Dennis tinha uma personalidade dupla; de um lado havia seu alter ego assassino, ao qual ele chamava de Minotauro, e do outro o sr. Rader, que se relacionava com outras pessoas todos os dias, inclusive com sua família. O problema era que, quando Rader caía no que chamava de "zona escura", o Minotauro o incitava a caçar.

Quando Dennis Rader se tornava o assassino BTK, não era

visceral ou dominado pela euforia. Pelo contrário, era um homem calculista, cuidadoso com os detalhes para não ser pego e continuar cometendo os assassinatos de que gostava. As vítimas escolhidas não eram "vítimas". Ele as chamava de "projetos", e seus crimes, de "sucessos".

O Minotauro

Sábado, 27 de abril de 1985. Marina Hedge, de 53 anos, foi atacada em casa e sequestrada no início da manhã; a polícia a encontrou distante de sua residência, nua, esganada. Não foi amarrada como as outras vítimas, mas um par de meias foi encontrado no local do crime.

No dia 16 de setembro de 1986, Vicki Wegerle, de 28 anos, morreu por estrangulamento. Suas mãos e pés haviam sido amarrados. Seu marido a encontrou quando chegou em casa.

O projeto final

Mais uma vez veio um longo hiato nos atos criminosos do assassino BTK; demorou pouco mais de quatro anos, até que, em janeiro de 1991, Dennis cometeu seu último assassinato oficial. A vítima foi Dolores Davis, de 62 anos, que, como Vicki Wegerle, foi sequestrada e estrangulada; seu corpo foi atirado de uma ponte.

A polícia não avançou com as investigações, até porque Dennis desapareceu por muito tempo. Na verdade, se os detetives não tivessem recebido a ajuda involuntária de Rader para encontrá-lo, com certeza BTK estaria livre até hoje.

Nos anos 1990, ele não levantou nenhuma suspeita. Trabalhou para uma empresa encarregada do controle de animais. Seus vizinhos diziam que era uma pessoa muito severa. Um deles chegou a prestar queixa contra Rader por ter sacrificado um cão sem justificativa. Fora isso, Dennis estava longe de qualquer controvérsia ou investigação. Cumpria suas obrigações militares e religiosas. A polícia não o tinha na lista de suspeitos.

Em 2004, as autoridades decidiram encerrar o caso, mas Dennis Rader não deixou que o esquecessem, nem sua obra. Ele queria atenção e reconhecimento, queria ser levado em consideração, queria que o temessem. Então, em uma sexta-feira, 19 de março de 2004, o assassino BTK enviou uma nova carta para o *Eagle-Bacon*, com uma cópia da carteira de motorista de Vicki Wegerle e fotografias tiradas quando a assassinou em sua casa.

Então BTK voltou às rodas de conversa. Agências de notícias, portais de internet e até programas de televisão dedicados a ele alimentaram o ego do *serial killer* Dennis Rader que, sob o pretexto de ser um homem de família e religioso, passou despercebido pela comunidade. No entanto, Dennis foi arrogante e começou a deixar pistas, desafiando a polícia para saber se ela seria capaz de capturá-lo após tantos anos.

DICAS NO CAMINHO

É difícil acreditar que Dennis fosse ingênuo, pois, com experiência em uma empresa de segurança, deveria saber que as câmeras posicionadas em comércios e vias públicas eram capazes de rastreá-lo, ainda mais quando ele mesmo reacendera a busca. Por seus atos, era possível dizer que Dennis queria ser pego. Por exemplo, ele deixou caixas de cereal com os pertences de suas vítimas em lojas, e uma câmera local identificou seu veículo. Porém, seu maior erro foi enviar à polícia um CD com vários arquivos de texto. Especialistas em tecnologia facilmente detectaram que o disco tinha sido gravado em um computador de propriedade da Igreja Luterana de Wichita, onde Dennis Rader era presidente do conselho paroquial.

A polícia passou a ter um suspeito principal. Depois de todos aqueles anos, os investigadores estavam muito próximos de pegar o assassino BTK. Decidiram ser cautelosos e, antes de irem à igreja, observaram a casa de Rader, onde notaram uma van estacionada, semelhante à captada pela câmera de vigilância de uma das lojas onde Dennis tinha deixado as caixas de cereal. No entanto, não se precipitaram. Para confirmar as suspeitas, solicitaram à universidade onde a filha de Rader estudava que lhes fornecesse os resultados de uma amostra de sangue coletada no ato da matrícula na instituição de ensino. Quando a amostra foi analisada, o DNA coincidiu com os vestígios de sêmen encontrados nos locais dos crimes.

Em uma sexta-feira, 25 de fevereiro de 2005, 31 anos após matar a família Otero, Dennis Rader, o BTK, foi preso; ele estava prestes a completar sessenta anos e longe de demonstrar remorso ou negar seus atos. Dennis colaborou com a polícia. Sentia orgulho de seu trabalho e de fazer parte do grupo de assassinos em série cuja captura levou muito tempo.

Em mais de trinta horas de interrogatório, BTK relatou detalhadamente os dez crimes que admitiu ter cometido, e recusou um julgamento de júri presente para se defender e reduzir sua sentença.

Em 18 de agosto de 2005, o juiz condenou Dennis Rader a dez sentenças perpétuas consecutivas, uma por cada morte. Ele foi salvo da execução porque a pena de morte entrou em vigor no Kansas apenas em 1994, e o último crime declarado de Rader foi em 1991. Antes de ir para a prisão, um juiz concedeu à esposa, Paula, a dissolução imediata do casamento, pois sua saúde mental estava em jogo.

Já na prisão, o assassino BTK confessou que, em outubro de 2004, planejava realizar mais um assassinato, sua obra-prima, a cereja do bolo, a joia de sua coroa. Dennis mutilaria uma mulher, a enforcaria e queimaria sua casa. Na verdade, ele chegou a bater na porta da escolhida, mas viu um grupo de pessoas lá dentro e abortou o plano.

A única dor para Dennis Rader foi o abandono da família. Tanto Brian como Kerri, seus filhos, decidiram não o visitar na prisão. A jovem declarou certa vez: "Me sinto mal pelos trinta anos de merda que meu pai gerou para essas pessoas e pelas coisas terríveis que fez às suas vítimas. As mulheres estavam com medo. Minha mãe também. Já o perdoei, não por ele, mas por mim."

BTK nunca confessou ser o Assassino do Zodíaco, mas muito provavelmente teria admitido se fosse acusado por seus crimes.

PSICOPATOLOGIA

Um psicopata não se torna necessariamente um *serial killer*, embora um *serial killer* seja um psicopata. O psicopata é propenso a violar normas sociais devido a um grave distúrbio de personalidade, a tal ponto que não há tratamento eficaz para sua reintegração à sociedade. Segundo o pesquisador Garrido Genovés, o psicopata é um camaleão e se destaca pela capacidade de se camuflar e de evitar emoções humanas, pela falta de preocupação com os outros, pela crueldade e insensibilidade.

JACK, O ESTRIPADOR

Sua majestade, o assassino

Domingo, 30 de setembro de 1888. Catherine Eddowes foi encontrada morta, em uma rua da velha Londres, Inglaterra. A mulher, pobre, tinha 46 anos e era mãe de três filhos. Tinha uma tatuagem com as iniciais "T. C.", do primeiro grande amor: Thomas Conway. Às 20h do dia 29 de setembro, Catherine foi presa por embriaguez e atentado ao pudor em uma via pública, cercada por homens. A polícia a deteve até que ficasse sóbria. Por volta de uma hora da madrugada, foi liberada. Quarenta e cinco minutos depois, o policial Edward Watkins a encontrou deitada no chão, mutilada, em uma grande poça de sangue, com as roupas puxadas acima da cintura. Sua garganta estava cortada, o tórax e o abdômen, abertos. Através do corte, o assassino retirou o rim esquerdo e o útero da mulher. Próximo ao local da morte de Catherine, uma peça de roupa manchada de sangue foi encontrada, com uma mensagem escrita em giz que culpava um indivíduo da comunidade judaica pelos assassinatos ligados a Jack, o Estripador. Um dos agentes que esteve no local decidiu apagar a mensagem para evitar um linchamento, destruindo, assim, uma pista ou uma prova potencial que poderia ajudar na investigação do assassino em série. Catherine foi a quarta vítima do Estripador. Recentemente, a mulher tornou-se crucial na investigação para determinar a identidade de Jack.

Jack ao logo do tempo
Em 2007, o escritor Russell Edwards conseguiu do dr. Jari Louhelainen, especialista em genética, uma informação contida no DNA presente em um tipo de avental — ou xale — que pertenceu a Catherine Eddowes, em que havia marcas de sangue que remontam à cena do crime. Das roupas, Louhelainen obteve material genético de duas pessoas diferentes, o que o levou a supor que uma amostra pertencia à vítima e a outra, ao assassino. Em seguida, procurou parentes vivos dos suspeitos identificados no século XIX.

Louhelainen encontrou Matilda, parente britânica da irmã de Aaron Kosminski, um dos suspeitos. Ela colaborou com a pesquisa, e, após uma primeira análise, o DNA encontrado na peça de vestuário coincidiu em 99% com o de Matilda. Em um segundo teste, coincidiu em cem por cento. Assim, o cientista ousou afirmar que Jack, o Estripador, e Aaron Kosminski eram a mesma pessoa.

Por que Aaron estava na lista de suspeitos?

KOSMINSKI

Tinha 23 anos quando os cinco assassinatos foram cometidos. Trabalhava como barbeiro. Uma pessoa alegou tê-lo visto em uma das cenas do crime; essa denúncia, além das ferramentas utilizadas em seu ofício, o colocou na lista de suspeitos. No entanto, nunca houve evidências contra ele.

O que aconteceu com Aaron?
No livro de Russell Edwards, *Desvendando Jack, o Estripador*, observa-se que, segundo registros do hospital psiquiátrico onde Kosminski foi internado, em 1891, o homem, de origem polonesa, sofria de esquizofrenia, paranoia, alucinações e se masturbava excessivamente.

Podemos dizer, com certeza, que ele era Jack, o Estripador? Não. Para muitos investigadores e entusiastas da história, trata-se de um caso não resolvido. Por exemplo, a médica espanhola Amaya Gorostiza disse, em 2014, após ler o livro de Russell Edwards, que as análises do dr. Louhelainen apresentavam erros nas nomenclaturas e em probabilidades. Por esse motivo, não as aceitou como válidas.

Com isso, vamos rever o arquivo do *serial killer* por excelência, o ícone dos criminosos em série, o principal motivo para crer que o crime perfeito existe, de fato. Cuidado, porque entraremos no inferno de Jack.

Mulheres no escuro

Em 1888, Whitechapel, zona leste de Londres, era um dos bairros mais pobres da cidade; na verdade, era considerado o pior lugar para se viver, trabalhar ou até mesmo caminhar. As ruas mergulhavam na escuridão à noite, porque os candeeiros de gás mal serviam como decoração fúnebre. O cheiro era uma combinação de estrume e dejetos de pessoas, expostos por conta de um péssimo sistema de esgoto, que chegava às vias públicas.

Viver em Whitechapel era sinônimo de morte lenta. Era como visitar o inferno, repleto de mulheres e homens cujo principal pecado parecia ser a pobreza.

Estima-se que cerca de 1.200 prostitutas tentassem sobreviver naquele bairro, cobrando apenas o suficiente para comer. Mulheres sem opção, a não ser vender o corpo, expondo-se a todo tipo de abuso, e até mesmo arriscando a vida. Não era raro que uma delas aparecesse morta; o estranho, na verdade, era que alguém se preocupasse com o assunto. Não espantava que uma "meretriz" terminasse sem vida, nem que várias entre elas fossem vitimadas com o horror que apenas um monstro poderia apresentar.

Uma sombra assassina

Sexta-feira, 31 de agosto de 1888. Eram 3h40 da manhã quando o carroceiro Charles Cross, a caminho do trabalho, notou um vulto na rua, tal qual uma lona que pensou em recolher, então se deu conta de que era uma mulher estirada, morta ou ao menos bêbada.

Depois de Charles chegou Robert Paul, outro carroceiro. Surpresos, não sabiam o que fazer ou como ajudar. Charles tocou no rosto da mulher, que estava com as pernas abertas e as saias suspensas até a cintura. Ele notou que a moça ainda estava quente. Robert verificou seu tórax e sentiu sua leve respiração. Os homens discutiram se deveriam mover o corpo, mas, temendo serem acusados ou se atrasarem para o trabalho, apenas abaixaram a saia da mulher até os joelhos e concordaram em avisar o primeiro policial que encontrassem.

Pouco tempo depois, o policial John Neil chegou ao local do crime e pediu ajuda, mas nada pôde ser feito. O corpo da mulher estava morno, e as estimativas diziam que havia sido atacada nas duas últimas horas. As feridas em seu pescoço o abriam a ponto de quase decapitá-la. Aquela foi a causa da morte de Mary Ann Nichols.

Mary Ann tinha 43 anos quando foi assassinada. Era mãe de cinco filhos, que viviam com o pai porque o casal estava separado, em parte por causa do alcoolismo da mulher. Ela começou a trabalhar como prostituta por volta de 1882 para se alimentar, e às vezes trabalhava como empregada doméstica, mas seu vício sempre lhe causava problemas. Chegou a ser acusada de roubo por conta disso.

ÓDIO

Sábado, 8 de setembro de 1888. Às 5h30 da manhã, Elizabeth Long passou por uma rua onde avistou uma mulher junto a um homem; os dois estavam conversando. O homem propunha à mulher um momento a sós, e ela aceitou. Trinta minutos depois, outro morador local encontrou o corpo mutilado de Annie Chapman, de 45 anos. Ela tinha três filhos, mas o primogênito havia morrido de meningite, em 1882. O episódio levou Annie a desenvolver uma depressão profunda, que aliviava com álcool. Divorciou-se e teve vários outros parceiros, porém, para se sustentar financeiramente, trabalhava como costureira e vendia flores artificiais, atividades que intercalava com a prostituição.

Dois de seus clientes eram frequentes, Ted Stanley e outro chamado Harry, mas nenhum dos homens foi apontado como o culpado do assassinato de Annie, cujas características eram semelhantes às do de Mary Ann Nichols, ou seja: a mulher tinha dois cortes na garganta, havia sido esfaqueada na altura da barriga e seu útero tinha sido arrancado.

Entre esse assassinato e o seguinte, o criminoso enviou uma carta para a Agência Central de Notícias, em Londres, datada de terça-feira, 25 de setembro de 1888. Parte do texto, escrito com tinta vermelha, dizia:

> Caro editor, ouço **há dias que a polícia me capturou, mas**, na verdade, ainda não me encontraram. **Não suporto certo tipo de mulher e não vou parar de estripá-las até que** acabe com todas elas. Meu último trabalho foi magnífico. A senhora em questão não teve nem tempo de gritar. Gosto do que faço, e estou ansioso para recomeçar; vocês terão notícias minhas e de meu passatempo divertido.
> Jack, o Estripador

A carta foi enviada dois dias depois para a Scotland Yard.

SEDE DE MORTE

Domingo, 30 de setembro de 1888. Elizabeth Stride foi vista por várias pessoas na companhia de um homem. O casal trocava carícias, mas nada explícito o suficiente para que William Smith, o oficial que os vigiava, interviesse. Elizabeth bebia desde a tarde do dia anterior. Sofria com o alcoolismo desde 1884, quando o ex-marido morreu. Nasceu na Suécia, onde foi registrada como prostituta e internada em vários hospitais por causa de doenças venéreas.

Em Londres, também trabalhava de camareira, mas toda vez que recebia o pagamento, ia a um bar e se envolvia com homens, como aconteceu na madrugada do dia 30 de setembro. À 1h, seu corpo foi descoberto com um corte profundo no lado esquerdo do pescoço.

No que tange à responsabilidade de Jack, a morte de Elizabeth Stride gerou dúvidas, pois não havia lesões no abdômen; no entanto, muitos acham que ela não foi esfaqueada e desmembrada porque interromperam ou quase flagraram o assassino.

Menos de uma hora após a morte de Elizabeth Stride, a quarta vítima de Jack, Catherine Eddowes, foi encontrada morta. Seus ferimentos fatais foram descritos no início deste capítulo. Alguns analistas sugerem que o Estripador matou Catherine para saciar a sede de sangue, pois não conseguiu desmembrar Elizabeth Stride, o que era sua marca registrada.

Saucy Jack

Em 1º de outubro de 1888, uma carta, ou melhor, um cartão-postal chegou à Agência Central de Notícias, em Londres. O texto é conhecido como o "Cartão-postal de *Saucy Jack*". Entre outras coisas, o signatário escreveu:

> [...] *amanhã haverá notícias sobre o trabalho de Saucy Jack; desta vez, um evento duplo. A primeira chorou um pouco, e não consegui terminar.* **Não tive tempo de tirar** *as orelhas dela para a polícia.*
>
> Jack, o Estripador

É importante notar que o texto coincidiu com o duplo assassinato, em 30 de setembro, de Elizabeth Stride, cuja garganta foi apenas cortada, e de Catherine Eddowes, que tinha um ferimento em uma das orelhas. Por fim, o cartão-postal deixou de ser considerado prova, porque era datado de um dia após os crimes. Alguém, portanto, podia ter vazado a informação do duplo assassinato para quem o escreveu.

Do inferno

Houve ainda uma terceira carta, enviada em 15 de outubro de 1888. A mensagem foi chamada de "Do inferno", porque o texto começa da seguinte maneira:

> Do inferno. Sr. Lusk, envio-lhe metade do rim que tirei de uma mulher, preservado para o senhor. Fritei a outra metade e a comi, estava uma delícia. Talvez eu lhe envie também a faca ensanguentada... Prendam-me se forem capazes.

Catherine Eddowes, de fato, teve um rim arrancado, mas os especialistas argumentaram que o órgão enviado com a carta poderia ser de outra pessoa, pois não havia como ter certeza à época.

Sem coração

Às 10h45 de uma sexta-feira, 9 de novembro de 1888, um homem bateu à porta do número 13 da Miller's Court Street. Era a casa da irlandesa Mary Jane Kelly, que se tornou prostituta aos dezenove anos de idade, à época da morte do marido. Em 1886, ela se mudou para Londres, onde começou a viver com um homem chamado Joseph Barnett, que a deixou quando descobriu que tinha voltado à prostituição. Mary Jane, como as outras vítimas do Estripador, bebia em excesso e passou a vida com a esperança de que alguém a salvasse. Após bater à porta de Mary diversas vezes, Thomas Bower, o senhorio que tinha ido cobrar o aluguel, olhou pela janela e descobriu que a mulher estava destroçada dentro da casa. O assassino fez um corte da garganta até a base das costas de Mary. Todos seus órgãos abdominais haviam sido arrancados, e também o coração.

FORMAIS E APÓCRIFOS

Aqui está a lista oficial das cinco vítimas atribuídas formalmente a Jack, o Estripador; entretanto, a polícia, a mídia e os habitantes de Whitechapel suspeitavam de que o assassino estivesse envolvido em pelo menos outras onze mortes, sendo as demais vítimas Emma Smith, Martha Tabram (as duas antes de Mary Ann Nichols), Rose Mylett, Alice McKenzie, Frances Coles e, finalmente, uma mulher não identificada (as quatro após Mary Jane Kelly). Aqueles que defendem que Jack matou cinco pessoas argumentam que as outras mulheres foram assassinadas por pessoas que se aproveitaram do terror causado pelo Estripador ou por indivíduos que tentavam copiar seu *modus operandi*.

Suspeitos

Quem eram os suspeitos? Quem poderia ter sido Jack? Além de Aaron Kosminski, que mencionamos antes de iniciar o relato sanguinolento do Estripador, havia mais. Muitos, muitos mais. Alguns deles foram:

John "Leather Apron" Pizer. Ameaçava prostitutas com uma faca, dizendo-lhes que, se não lhe dessem o dinheiro, arrancaria suas costelas. Foi preso em 10 de setembro de 1888, e, embora os assassinatos tenham continuado ao longo do mês, John levantou suspeitas sobre ser o próprio Jack.

Montague John Druitt. Advogado nascido em uma família de médicos renomados. Esse foi o principal motivo das suspeitas, pois Montague tinha acesso a ferramentas cirúrgicas e possível conhecimento para fazer cortes precisos em corpos humanos. Além disso, sua morte por suicídio coincidiu com o último assassinato atribuído a Jack.

Michael Ostrog. Médico russo com problemas de personalidade. É necessário esclarecer que, durante a investigação, os policiais decidiram procurar nos asilos qualquer paciente que correspondesse às características atribuídas a Jack. Porém, Michael nunca apresentou histórico de violência e, acima de tudo, durante o período dos assassinatos, esteve internado na França.

George Chapman. De origem polonesa, seu nome verdadeiro era Severin Klosowski, classificado como assassino em série por matar as três esposas. Aos 23 anos, chegou a Whitechapel com conhecimento rudimentar de medicina e começou a trabalhar como assistente de barbeiro. Emigrou para os Estados Unidos com uma de suas esposas, e a mudança coincidiu com o fim dos assassinatos ligados a Jack. Quando Chapman retornou a Londres e começou a assassinar suas parceiras, foi preso sob a suspeita de ser o Estripador.

Havia, segundo estimativas, cerca de uma centena de suspeitos que se encaixavam nas descrições de Jack. As técnicas primitivas de apuração criminalista, a morbidez enriquecida pela mídia e o interesse doentio da população contribuíram para que as investigações apontassem para todos os lados e para muitas pessoas.

REALEZA HOMICIDA

Outro suspeito das mortes atribuídas a Jack era o médico da família real britânica, o dr. William Gull. A motivação tinha raízes no neto da rainha Vitória, Albert Victor. Albert gostava de se envolver com plebeias do leste londrino, mas a preocupação maior estava nos rumores de que havia se casado em segredo com Annie Elizabeth Crook, uma atendente de loja de Whitechapel. E não apenas isso: os boatos afirmavam que Annie estava grávida.

A família real, então, teria enviado a jovem para um hospital psiquiátrico, e a criança teria sido entregue a uma das amigas de Annie, ninguém menos que Mary Jane Kelly, a quinta e última vítima de Jack.

Se a história fosse verdade, por que matar Mary Jane Kelly? Segundo a teoria, Mary quis extorquir a família real. Assim, o assassino foi enviado para matá-la, além das outras quatro prostitutas que sabiam do caso.

Outra hipótese apontava para Francis Tumblety, um irlandês que se fazia passar por médico. Ele se mudou dos Estados Unidos para o leste de Londres e desapareceu após o assassinato da última vítima de Jack. Aparentemente, Francis escreveu uma carta em 1913, cujo texto foi analisado por uma grafóloga contratada pela Scotland Yard. A especialista encontrou várias características que se assemelhavam muito à caligrafia de Jack. Tumblety também era conhecido por ser misógino, mas nunca foi possível estabelecer uma possível ligação entre ele e o Estripador.

Mais de um século se passou, e a identidade de Jack ainda não é conhecida.

Tudo envolve teorias e suspeitas. Na verdade, muitos dizem que Jack não existiu, ao menos não como um assassino em série, mas que, após o primeiro assassinato, alguns o copiaram para causar rebuliço na imprensa. Ou seja, outros assassinos ávidos por fama impulsionados por jornais sedentos.

O fato é que Jack, o Estripador, vive no imaginário de todos nós. Está escondido em nossas memórias e, quando pensamos que ele se foi, Jack retorna em uma nova teoria que o define como o mestre de todos os condenados ao inferno.

SCOTLAND YARD

A Polícia Metropolitana de Londres, mais conhecida como Scotland Yard, é uma das mais famosas instituições policiais do mundo, graças à literatura e ao cinema. Seu apelido deriva da primeira sede, localizada no número 4 da rua Whitehall Place, cuja entrada dos fundos era pela rua Great Scotland Yard, perto da embaixada dos reis escoceses. Sua grande eficácia é corroborada por personagens como Sherlock Holmes, de Arthur Conan Doyle, e o detetive Hercule Poirot, de Agatha Christie, embora Jack tenha lhes escapado.

O Estrangulador de Tacuba

André Breton é considerado o pai do Surrealismo, um movimento artístico cujo fundamento básico era quebrar as cadeias do pensamento lógico. Em 1938, Breton visitou o México e deixou para a posteridade a seguinte ideia: "Não tente entender o México pela razão, você terá mais sorte com o absurdo; o México é o país mais surrealista do mundo."

Pouco menos de quarenta anos após a visita de Breton, na quinta-feira, 23 de setembro de 1976, ocorreu um grande exemplo de surrealismo mexicano. Naquele dia, Gregorio Cárdenas recebeu uma homenagem na Câmara dos Deputados, ocasião em que os legisladores o aplaudiram de pé. Isso mesmo: eles ovacionaram de pé o homem conhecido como o Estrangulador de Tacuba, o assassino em série mais famoso do México. Aqui está seu arquivo.

TRAVESSURAS INFANTIS

Domingo, 6 de setembro de 1942. A polícia da Cidade do México recebeu a ligação de um pai que denunciava o desaparecimento da filha. O homem disse que a última vez que soube da jovem foi quando ela esteve com um colega de faculdade chamado Gregorio Cárdenas Hernández. Eles o chamavam de Goyito, e muitos o consideravam um jovem exemplar, respeitoso, inteligente, que não causava problemas a ninguém.

Gregorio nasceu em 1915, o mais novo de dez crianças criadas por Gregorio Cárdenas (pai) e pela sra. Vicenta Hernández, em Córdoba, Veracruz. Quando criança, era uma dor de cabeça para os professores. Seu comportamento era péssimo, e sempre lhe chamavam a atenção por implicar com os colegas. Porém, consideravam aquilo apenas travessuras de criança.

Com tantos filhos, não havia dinheiro suficiente em casa, mas seus pais conseguiam o básico, embora as coisas tenham ficado mais complicadas quando Gregorio (pai) os abandonou. A família, então, se mudou para a Cidade do México, para o bairro de Tacuba. Desde aquela época, dona Vicenta consolidou uma relação mais próxima com Gregorio, talvez porque Goyo fosse o caçula, porque ele era muito inteligente ou, ainda, pelo abandono do próprio marido.

Gregorio Cárdenas era uma criança precoce. Iniciou a vida sexual com apenas onze anos. Diz-se que o flagraram com uma amiga, a quem pagou para tocar; algum tempo depois, ele se envolveu com Gabina Gonzalez, de quem era íntimo. Os pais da jovem exigiram que Gregorio se casasse com ela, e ele o fez; entretanto, o matrimônio não deu certo, por infidelidade da menina e outros motivos. O jovem casal divorciou-se, mas o evento deixou uma ferida profunda na personalidade de Goyo, que se sentiu desprezado, e fertilizou a semente da misoginia no rapaz.

O GAROTO INTELIGENTE

Gregorio Cárdenas ingressou no curso de ciências químicas; o QI o ajudou a se sobressair como um ótimo aluno. Os colegas gostavam muito do garoto pela gentileza e pela cortesia, tanto que até mesmo frequentavam sua casa para estudar. Além de se destacar na carreira, Gregorio tinha conhecimentos de inglês e datilografia, ou seja, era um estudante completo.

DOENÇA DO AMOR

Sem se esquecer da mãe, Gregorio Cárdenas era um homem independente. Com o dinheiro que começou a ganhar na empresa estatal Petróleos Mexicanos, foi morar sozinho no número 20 da rua Mar del Norte, em Tacuba; lá, ele instalou um pequeno laboratório de química em um quarto. Gregorio também comprou um carro, e quem o conhecia descobriu seu gosto pela poesia de Sor Juana Inés de la Cruz e suas habilidades com piano e violino; era um bom partido, exceto fisicamente. Muitas mulheres se recusavam a se relacionar com ele para além da amizade, e isso o magoou.

Como Gregorio Cárdenas lidava com a rejeição feminina? A opção para suprir o vazio, na maioria das vezes, era Maria de los Angeles Gonzales, uma prostituta de dezesseis anos; nome de guerra: Bertha. Goyo começou sua perseguição com ela.

Sábado, 15 de agosto de 1942. À noite, Goyo encontrou Bertha e a levou para casa, algo que fazia com frequência. Transaram, e, antes da meia-noite, a garota foi para o banheiro. Gregorio Cárdenas aproveitou esse momento para dominá-la e estrangulá-la com um cadarço. Em seguida, levou o corpo de Bertha para o pequeno jardim da casa e o enterrou. Ela não poderia imaginar, quando avisou a uma colega de trabalho que iria para Guadalajara, que, ao embarcar no carro de Goyo, teria um destino totalmente diferente.

Compulsão

Domingo, 23 de agosto de 1942. O mesmo *modus operandi*. Goyo pegou o carro e saiu em busca de uma prostituta que satisfizesse sua luxúria e sede criminosa. Levou Raquel Martínez de León para casa. Após dormirem juntos, Raquel quis visitar a biblioteca do assassino. Lá, ele a estrangulou com o mesmo cadarço de antes. E, de novo, enterrou o corpo no jardim.

Sábado, 29 de agosto de 1942. Gregorio Cárdenas escolheu outra prostituta: Rosa Reyes, sua terceira vítima em menos de quinze dias. A mulher andava pelo laboratório de Goyo quando ele a atacou. Apesar de Rosa ter reagido, acabou morta e, no meio da noite, o estrangulador a enterrou ao lado dos outros dois corpos.

Gregorio Cárdenas não conseguia parar. Os crimes não o saciavam, e ele não procurava cometê-los em intervalos espaçados; em vez disso o tempo entre cada um diminuiu. O último aconteceu quatro dias depois.

O louco da mamãe

Quarta-feira, 2 de setembro de 1942. Não foi uma prostituta, mas uma estudante. Graciela Arias gostava de Goyo; ele a cortejava, mas, para ela, não havia nada além de amizade. Naquele dia, Gregorio levou Graciela para sua casa, mas, antes que saíssem do carro, os dois discutiram porque ela rejeitou as investidas de Gregorio, o que o enfureceu. Ele arrancou a maçaneta da porta do carro e a usou para bater na cabeça de Graciela até matá-la.

Foi a primeira vez que o estrangulador fugiu de seu procedimento padrão, mas, euforicamente, transferiu Graciela para seu cemitério particular.

Alguns relatos afirmam que ele praticou atos sexuais com o corpo diversas vezes antes de enterrá-lo. Gregorio foi até sua mãe para contar o que tinha feito. Vicenta aconselhou-o a procurar um hospital psiquiátrico, para alegar insanidade quando chegasse a hora de se defender. Gregorio fez exatamente isso.

Enquanto isso, o pai de Graciela denunciou o desaparecimento da filha, mas nunca suspeitou de Goyo. Entretanto, a polícia foi à casa de Cárdenas, porque ele foi a última pessoa com quem a jovem foi vista. Quando chegaram à casa, encontraram-na vazia.

A polícia procurou por Goyo e descobriu que o jovem exemplar havia perdido a sanidade subitamente. Assim, foram interrogá-lo no hospital psiquiátrico. Quando lhe perguntaram sobre Graciela, Goyo se fez de louco, literalmente. Ele disse aos pesquisadores: "Sou um inventor! Sou o homem invisível e posso fazer as pessoas desaparecerem." Depois, mostrou-lhes alguns pedaços de giz que tinha em suas mãos e assegurou-lhes que eram os comprimidos que o ajudavam a se tornar invisível. O agente não comprou o teatro e, depois de insistir, fez Goyo confessar que havia assassinado sua amiga e amor não correspondido.

Eles levaram Goyo do hospital para sua residência. Lá, o Estrangulador de Tacuba mostrou-lhes onde tinha enterrado os corpos de suas quatro vítimas. Não demoraram para achar evidências na casa, porque, assim que entraram, encontraram um pé em decomposição.

Outras versões dizem que a polícia entrou na casa sem Goyo, mas acompanhada do pai de Graciela. O interior da propriedade estava sujo e desarrumado, mas o homem reconheceu um lenço e um espelho da filha. Não encontraram o corpo, porém as suspeitas sobre Cárdenas tinham sido levantadas. Um oficial voltou à casa para fazer novas buscas. No pátio, notou que havia terra revirada e que moscas sobrevoavam o local. Ao remover a terra solta, encontrou um pé.

Goyo acabou admitindo os assassinatos das quatro garotas. Quando perguntado sobre os motivos, respondeu apenas que odiava as mulheres.

PALÁCIO NEGRO

Quando a história de Cárdenas se tornou conhecida, não faltaram especulações. Uma delas declarava que ele era impotente e, para aliviar sua frustração, havia matado as jovens; outra versão dizia que Goyo sentia-se como Frankenstein, e que matara as vítimas com a intenção de trazê-las de volta à vida.

Após confessar os crimes, Gregorio Cárdenas foi levado à penitenciária de Lecumberri, na ala de doentes mentais, na cela de número 16. Sua pena: quarenta anos de prisão. O primeiro livro de três que Goyo Cárdenas escreveu na prisão se intitulava *Celda 16* [*Cela 16*, em tradução livre], publicado em 1970; nele relatou a depressão em que caiu quando foi preso. No livro, ele diz: "Tenho minhas convicções e um espírito forte, e vou provar que posso imitar uma fênix."

Os outros dois livros que escreveu chamavam-se *Pabellón de locos* [*Pavilhão de loucos*], de 1973, e *Adiós, Lecumberri* [*Adeus, Lecumberri*], publicado em 1979.

Já preso e condenado, a parte da história de Goyo que o destaca de todos os assassinos mexicanos começou.

LA CASTAÑEDA

Embora Gregorio Cárdenas tenha inicialmente admitido ser o Estrangulador de Tacuba, dois anos depois sua defesa alegou que ele sofria de distúrbios mentais. Com isso, os advogados conseguiram transferi-lo para o hospital psiquiátrico La Castañeda para tratamento. Naquele lugar, entre outros estudos, os especialistas precisavam verificar se Goyo estava doente ou apenas fingindo. Também precisavam ter certeza de que ele não se lembrava dos assassinatos que havia cometido, como o criminoso afirmava.

Em La Castañeda, submeteram Cárdenas a um teste em que lhe injetaram pentotal sódico. Um cadarço semelhante ao que ele usou nos crimes também foi posto ao redor de seu pescoço. O médico perguntou-lhe se ele se lembrava daquele cadarço. Goyo, então, começou a gritar, confirmando que tinha matado as jovens e implorando para que tirassem o cadarço de seu pescoço. Um experimento semelhante foi realizado com uma pá igual à que ele usou para cavar as covas. O assassino, mais uma vez, revelou sua culpa.

Goyo ficou em La Castañeda, um lugar terrível, segundo as crônicas da época, mas soube conquistar a simpatia dos outros detentos e de funcionários. Permitiram até que ele assistisse a palestras ministradas pelos psiquiatras da instituição. Digamos que ele aproveitou sua estadia para aprender conceitos de saúde mental que poderiam ser úteis para sua defesa, ou simplesmente para fingir algum distúrbio.

Embora Cárdenas não fosse fisicamente atraente, seu carisma manteve-se intacto, e isso o ajudou a estabelecer certas relações sentimentais com os enfermeiros. Há aqueles que afirmam que Cárdenas conseguiu até mesmo permissão para ir ao cinema com a namorada que arranjou em um dos plantões, e depois voltou à instituição. Em La Castañeda, Goyo Cárdenas, o Estrangulador de Tacuba, passou a ser chamado carinhosamente de Goyito.

Aproveitando essa confiança, na quinta-feira, 25 de dezembro de 1947, Cárdenas fugiu com outro preso. Ambos chegaram a Oaxaca, mas, vinte dias depois, o assassino foi encontrado. Cinicamente, alegou que não tinha escapado, apenas resolvido tirar férias.

DE VOLTA PARA CASA

Em 1948, Gregorio Cárdenas foi transferido de La Castañeda para Lecumberri, e de novo entrou no temido Palácio Negro. Na prisão, não mudou seu comportamento caloroso. Manteve uma conduta impecável e conquistou o apreço de seus colegas e das autoridades.

Em Lecumberri, Gregorio foi visitado apenas pela mãe, que lhe levava livros. Em uma ocasião, ela lhe deu um pequeno órgão para que tocasse na prisão. No início, Vicenta ia sozinha, mas, tempos depois, passou a ser acompanhada por uma mulher chamada Gerarda Valdés, com quem o homicida se casou e teve quatro filhos.

FÊNIX

Na prisão, Gregorio foi autorizado a abrir uma mercearia de onde conseguia dinheiro para sua esposa e seus filhos. E não só isso: ele escreveu outros livros, e até mesmo quadrinhos, sobre as aventuras de seus companheiros de prisão. Assim, preso e a distância, sustentava a família, que o amava e o apoiava em sua estadia na cadeia.

Inteligente, Goyo Cárdenas estudou direito na prisão. Alguns relatos asseguram que ele sabia apenas redigir um documento usado para solicitar a liberdade dos presidiários. É necessário explicar que, em Lecumberri, havia muitos detentos que excediam seu tempo no presídio, mas que, para sair, precisavam de um documento como o que Cárdenas aprendeu a elaborar. Como muitos presidiários conseguiam a liberdade com a ajuda dos documentos de Goyo, seu passo seguinte foi se tornar advogado. Também é preciso dizer que o Estrangulador de Tacuba obteve um certificado do Instituto Didático de Direito por ter completado o curso.

Gregorio Cárdenas era muito popular em Lecumberri. Com isso, a família pediu que o então presidente do México, Luis Echeverría, intercedesse no caso, o que foi concedido. Na quarta-feira, 8 de setembro de 1976, Gregorio Cárdenas saiu da reclusão, graças a um perdão presidencial, motivado pela fama de inteligente e generoso conquistada na prisão.

Homem exemplar

Como relatei no início do capítulo, menos de vinte dias depois, Goyo foi levado à Câmara dos Deputados como um exemplo de readaptação, o modelo do sujeito reabilitado.

O convite foi feito pelo secretário do Interior, Mario Moya Palencia, que falou sobre o ex-condenado:

> Sinto-me particularmente satisfeito que hoje, nesta sessão, esteja aqui conosco um homem que, há mais de trinta anos, cometeu vários crimes contra a sociedade, que esteve preso até alguns dias atrás e, depois de muitas vicissitudes em seu processo, e após confrontar as velhas e novas ideias sobre a reabilitação social, conseguiu se transformar. Ele se reajustou socialmente, refez sua vida, terminou os estudos de medicina, estudou direito, escreveu vários livros, fundou e desenvolveu uma

família, e, quando enfim sua experiência psicológica foi transformada e seu equilíbrio interno e social restabelecido, a própria sociedade considerou que ele havia se reajustado e que era hora de abrir as portas da prisão. Ele saiu para construir uma nova vida e se reinserir a serviço de sua comunidade. Estou feliz por você estar entre nós, Gregorio Cárdenas Hernández.

Ao sair da prisão, Gregorio se vestiu de terno e gravata. Sua mulher e os quatro filhos o esperavam; juntos, foram agradecer à Virgem de Guadalupe, todos orgulhosos de Cárdenas, embora sua mãe já não estivesse mais viva.

ADEUS, MAMÃE

Alguns relatos dizem que, quando soube que a sra. Vicenta tinha falecido, Goyo passou quase uma semana ajoelhado dentro de sua cela. Quando foi libertado, Gregorio Cárdenas tinha mais de sessenta anos, 34 passados na prisão. Alguns dizem que foi um erro da defesa alegar insanidade mental, porque os loucos permaneciam presos pelo resto da vida, de acordo com o Código Penal de 1942; se ele tivesse enfrentado o julgamento sem alegar insanidade, não teria ultrapassado vinte anos de prisão.

Passado superado

Ele era louco, não era? Após tantos estudos, alguns especialistas determinaram que o comportamento assassino de Goyo teve sua origem na infância, quando ele tinha entre quatro e cinco anos e foi vítima de uma epidemia de encefalite em Veracruz, que afetou seu sistema nervoso central e que, durante décadas, acarretou fortes dores de cabeça.

Entretanto, anos depois, após ser libertado, Goyo declarou que todo seu processo clínico foi uma mentira. Afirmou que nunca sofreu de esquizofrenia, psicopatia, epilepsia, paranoia ou síndrome de personalidade dividida demonolátrica. Também se declarou inocente de todos os crimes e argumentou que sua prisão foi uma vingança política por ter sido líder na Petróleos Mexicanos após a expropriação.

Gregorio Cárdenas Hernández, o Estrangulador de Tacuba, morreu em uma segunda-feira, 2 de agosto de 1999. Tão odiado quanto amado. Tão esperto para parecer louco quanto louco para parecer são. Tão assassino quanto um homem de família exemplar. Tão surreal quanto mexicano.

ASSASSINOS MEXICANOS

Embora o Estrangulador de Tacuba seja o assassino em série mais famoso do país, a desonrosa lista nacional de criminosos é vasta. Para citar apenas alguns, podemos falar de Francisco Guerrero, O Homem dos Coletes; Guadalupe Martínez de Bejarano, La Terrible; Felícitas Sánchez, a Esquartejadora da Colônia de Roma; Ángel Leoncio Maturino Reséndiz, o Assassino da Estrada de Ferro; Juan Vallejo Corona; Sara Aldrete e Jesús Constanzo, os Narcosatânicos; Juana Barraza, A Matadora de Velhinhas; Francisco Maldonado, o Vampiro de Michoacán; Gilberto Ortega, o Canibal de Chihuahua; José Luis Calva Zepeda, o Canibal Guerreiro; Osiel Marroquín Reyes, o Sádico; entre muitos outros, incluindo o Monstro de Ecatepec, capturado em 2018 após matar mais de vinte mulheres, tornando-se um dos maiores assassinos em série do mundo.

O gênio do sangue

Dias antes de sua execução, Ted Bundy tremia como nunca antes na vida. Enfrentar a cadeira elétrica era demais, estava além de suas forças. Passou seus dias e horas finais orando na companhia do reverendo Frederic Lawrence, da Igreja Metodista, antes de caminhar até seu destino. O padre relatou que Bundy não queria morrer, mas sabia que isso era necessário.

Em 24 de janeiro de 1989, Ted Bundy trajava calça azul-marinho com uma camisa azul-celeste. Ao entrar na sala onde seria executado, inclinou-se, respirou fundo e caminhou até a cadeira. Quando assumiu seu lugar, olhou para a parede de acrílico transparente que servia de vidro espelhado para as testemunhas que o acompanhariam até o último segundo de sua existência.

Ted sentiu um vazio no estômago, e não por falta de comida; havia se recusado a pedir algo especial como última refeição. Porém, um prato tradicional foi oferecido em vez disso: bife malpassado, ovos e batatas fritas, pão com manteiga e geleia e suco de laranja. O prisioneiro não comeu. Na noite anterior, falou apenas com a mãe.

Bundy, alguém que poderia ter escolhido ser um talentoso advogado e defender a justiça, tomou a direção oposta e acabou na sala de execução. Ele se voltou para o reverendo Frederic Lawrence e para seu advogado, Jim Coleman, ambos sentados na primeira fila, a quem cumprimentou com um aceno de cabeça. Depois, sorriu para os promotores que o haviam condenado.

Ted Bundy foi amarrado à cadeira pelos quatro guardas que o escoltavam. Uma correia foi presa a seu queixo. Ele tremia, assustado. Os olhos azuis piscavam repetidas vezes. O supervisor da prisão, Tom Barton, seguiu o protocolo e perguntou ao condenado quais seriam suas últimas palavras, se as quisesse dizer. Ele as dirigiu a seu advogado e ao ministro com quem rezou, dizendo: "Jim e Fred, eu gostaria que vocês transmitissem meu amor a minha família e meus amigos." Em seguida, algumas testemunhas notaram que Bundy fez uma pausa, como se procurasse outras palavras para continuar, mas não disse mais nada. O microfone foi removido, e sua cabeça foi coberta com um capuz de couro preto. Eletrodos foram postos em suas pernas e cabeça. Tom Barton foi ao telefone para checar se havia alguma ligação de última hora com uma ordem para suspender a execução, mas o aparelho não tocou. Logo, o então governador da Flórida, Bob Martínez, autorizou a execução de Bundy. Eram 7h06 quando o oficial, assentindo, indicou ao carrasco que estava na hora. O homem encapuzado apertou o botão de choque e, dez minutos depois, Ted Bundy foi declarado morto.

Quais foram e como Ted Bundy cometeu os atos que o condenaram?

O que o levou a se tornar um assassino, um dos piores da história norte-americana?

Veremos em seu arquivo.

INFELIZ

Theodore Robert Cowell Bundy nasceu em um domingo, 24 de novembro de 1946, em Burllington, Vermont, Estados Unidos. Era filho de Eleanor Louise Cowell, que o deu à luz quando era apenas uma menina, abandonada pelo pai biológico de Ted, um suposto veterano da Força Aérea Americana que nunca o conheceu. Por isso, a criança foi criada pelos avós, que, diante da comunidade, inventaram a história de que Eleanor era sua irmã. A situação afetaria Ted no futuro, ao descobrir a verdade, pois se sentiu enganado pela própria mãe; além disso, a jovem Eleanor o rejeitou em alguns momentos. A gravidez tinha sido um erro que envergonhou sua família. Ted passou por uma infância complicada, em um ambiente hostil, porque o avô era agressivo.

Em 1950, quando Ted tinha quatro anos, Eleanor se apaixonou por um cozinheiro do exército chamado Johnnie Culpepper Bundy. Eles se mudaram para Washington, onde ele morava, e um ano depois se casaram. Assim, Ted ganhou um sobrenome. Parecia que finalmente teria uma família e uma figura paterna sólida e amorosa que o ajudaria a crescer com amor, mas não foi assim, embora a mãe tenha lhe dado quatro meios-irmãos. Ted Bundy já havia sido marcado nos primeiros anos de vida pela rejeição de Eleanor e do resto da família. Então desenvolveu uma personalidade fria, solitária, antissocial e violenta em relação aos animais. Ele estava a meio caminho de começar a agir de modo incorreto.

Ainda assim, Ted seguiu seu caminho profissional quando se matriculou em Puget Sound para estudar psicologia. Suas notas eram boas, e logo depois o amor cruzou seu caminho. Ted namorou uma garota que seria o amor de sua vida. Stephanie Brooks o conquistou com beleza e inteligência, e o casal parecia feliz, até o dia em que Stephanie amadureceu e sentiu que o relacionamento entre eles não daria certo por conta das visões de mundo muito diferentes dos dois. Além disso, Stephanie começou a notar que Ted não tinha um plano de vida e, portanto, não lhe oferecia nenhuma segurança, então ela terminou o namoro. O coração de Bundy foi partido. Ele nunca a esqueceu e, por muito tempo, enviou-lhe cartas e bilhetes cafonas para reconquistá-la, o que não aconteceu, mas Stephanie alimentou o interesse respondendo às correspondências.

A falta de amor motivou Ted a abandonar a carreira e trabalhar em outras coisas, mas ele não se mantinha em nenhum lugar por muito tempo. Bundy andava à deriva, procurando um salva-vidas. Como pôde, superou seus problemas e decidiu voltar a estudar direito na Universidade de Washington. Simultaneamente, seu coração encontrou alento ao relacionar-se com uma jovem mãe divorciada, chamada Elizabeth Kloepfer. Enquanto estiveram juntos, ela não sabia que Ted mantinha contato com Stephanie por meio de cartas.

Em 1973, Ted Bundy iniciou uma carreira promissora e estabeleceu relações com políticos do Partido Republicano. Seu novo perfil fez Stephanie se aproximar novamente. Quando Ted a procurou na Califórnia, a antiga namorada aceitou voltar com ele. No entanto, nada era como antes. Parecia que Ted precisava apenas finalizar essa pendência do passado. Decidiu deixar Stephanie tempos depois.

Até então, ele não havia cometido nenhum crime. A única transgressão de que poderia ser acusado tinha sido sua infidelidade. Poucos acreditariam que Bundy, um jovem com uma carreira em ascensão, se converteria em um monstro no ano seguinte — pelo menos de acordo com os registros oficiais ou o que foi provado, mas muitos afirmam que o caminho criminoso de Ted começou ainda na adolescência. Vários relatos apontam que, em 1969, Ted tentou sequestrar um menor, e que, em 1971, cometeu seu primeiro assassinato. E, além disso, em 1961, teria sido o responsável pela morte de uma menina de oito anos. De sua parte, Ted Bundy sempre contava histórias distintas de acordo com a pessoa que o interrogava e negligenciava quaisquer detalhes de seus delitos.

A TERRÍVEL CRUELDADE

Sexta-feira, 4 de janeiro de 1974. Por volta da meia-noite, Ted Bundy entrou no porão onde morava a jovem Joni Lenz (algumas fontes dizem que seu nome era Karen Sparks), foi até onde a garota de dezoito anos dormia e a espancou brutalmente na cabeça com uma haste de metal; não satisfeito, usou o mesmo objeto para estuprá-la. Imagine as lesões internas que Ted infligiu à estudante da Universidade de Washington, somadas aos danos cerebrais que a deixaram incapacitada. Sim, é difícil de acreditar, mas Joni sobreviveu depois de ficar em coma por duas semanas.

Ted invadiu a residência de outra jovem estudante da mesma instituição em 1º de fevereiro de 1974. Lynda Ann Healy estava dormindo quando Bundy a agrediu. Quando ela ficou inconsciente, ele a vestiu com jeans, calçados e uma blusa branca, e a levou embora. Um ano depois, seu corpo esquartejado foi encontrado em uma área montanhosa.

Donna Gail Manson foi a vítima seguinte, em 12 de março de 1974. Ela pretendia assistir a uma apresentação de jazz que seria realizada no campus da universidade, mas Ted a impediu.

Quarta-feira, 17 de abril de 1974. Susan Elaine Rancourt desapareceu enquanto caminhava de volta ao dormitório no campus da universidade onde estudava, no sudeste de Seattle. O suspeito era um homem que havia abordado duas garotas no mesmo dia em que Susan desapareceu. O sujeito pediu ajuda para carregar alguns livros, pois aparentemente estava machucado, já que usava um torniquete. Ted queria que as meninas o auxiliassem a chegar a um Fusca, que usou para perpetrar seus assassinatos. Esse automóvel acabaria no chamado Museu do Crime, localizado em Washington, D.C.; o mesmo local onde também está exposto o carro em que Bonnie e Clyde foram baleados.

Segunda-feira, 6 de maio de 1974. Naquele dia, a vítima foi Roberta Kathleen Parks, que pretendia encontrar-se com amigos a sua espera para um café.

Insaciável
Ao menos uma mulher por mês. Esse era o ritmo que Ted Bundy mantinha. Havia uma sucessão de desaparecimentos denunciados à polícia, mas eles continuavam acontecendo. Em 1º de junho de 1974, foi a vez da Brenda Carol Ball, e logo depois, em 11 de junho, da estudante Georgann Hawkins. Em ambos os casos, pessoas que estavam próximas à área dos desaparecimentos relataram que tinham visto um homem com o braço enfaixado ou de muletas. Uma mulher enfatizou em seu depoimento que um sujeito lhe pediu ajuda para carregar uma pequena mala até um Fusca.

Domingo, 14 de julho de 1974. Duas mulheres foram sequestradas, em plena luz do dia, em uma praia ao leste de Seattle. Bundy primeiro se aproximou de um grupo de garotas pedindo ajuda para tirar algo do carro, e apenas uma delas concordou. Quando ela se deu conta, já bem perto do veículo, de que ele não necessitava de sua ajuda, voltou para perto dos amigos. Ted Bundy não desistiu. No mesmo local, usou a mesma mentira para se aproximar da jovem Janice Ann Ott que, por sua vez, aceitou ajudar o desconhecido e desapareceu em seguida. No mesmo dia, mais tarde, Ted raptou Denise Marie Naslund, tirando-a de um dia de caminhada com o namorado e os amigos; Bundy se aproveitou do momento em que ela foi ao banheiro.

Mudando de ares
Se a polícia já estava alerta e havia várias pistas, como Ted Bundy conseguia escapar? Ele simplesmente mudou de penteado e deixou crescer a barba. Simples, mas foi o que aconteceu.

A polícia, porém, intensificou as buscas, especialmente quando surgiu uma descrição mais detalhada de seu rosto e do carro utilizado nos crimes. As autoridades publicaram o retrato falado em Seattle, com a ajuda de jornais e emissoras de TV. Foi dessa maneira que a namorada de Ted, Elizabeth Kloepfer, e duas outras mulheres identificaram o assassino como Bundy.

Ted, porém, não ficou para ser capturado em Seattle. Ele mudou-se para Idaho, Utah e Colorado, mas não diminuiu o ritmo. Em vez de se esconder e parar a matança, continuou seu hobby sádico.

Segunda-feira, 2 de setembro de 1974. Bundy ofereceu carona a uma jovem desconhecida, que sinalizava na estrada. A moça não sabia que o homem a estupraria, estrangularia e atiraria seu corpo em um rio. Como se não fosse suficiente, a morbidez de Bundy o fez retornar ao local no dia seguinte para esquartejar e fotografar o cadáver da mulher.

Em 2 de outubro de 1974. Nancy Wilcox foi capturada por Bundy, que a levou a uma floresta, mas, para mostrar alguma compaixão e, sobretudo, para não aumentar as buscas por ele, Nancy foi apenas estuprada. Ted deixou-a ir em seguida, mas a garota de dezesseis anos não parou de gritar, o que desesperou Bundy. O assassino a estrangulou, tentando calar seus gritos.

Sexta-feira, 18 de outubro de 1974. Melissa Anne Smith, filha do delegado de Midvale, Salt Lake City, foi a uma pizzaria com a certeza de que nada acontecia em sua cidade. Ted Bundy a avistou e a sequestrou. Quase duas semanas depois, seu corpo foi encontrado nu em uma área montanhosa. A autópsia revelou que a jovem estava morta havia dois dias, o que indicava que Bundy a tinha mantido em cativeiro por pelo menos sete ou oito dias. Quanta agonia o assassino teria infligido à jovem antes de acabar com sua vida?

Quinta-feira, 31 de outubro de 1974. No meio da celebração do Halloween, à meia-noite, com as bruxas à solta, um demônio atacou Laura Ann Aime quando ela deixou uma cafeteria. Semanas depois, foi encontrada nua, em outra área montanhosa. Da mesma forma que Melissa Anne Smith, Ted Bundy a agrediu, estuprou, torturou e a sufocou com meias de nylon. Como ele desfrutava dos assassinatos, antes de se livrar dos corpos, cuidava deles tornando-os apresentáveis para a família, lavando os cabelos das vítimas e limpando seus rostos.

Ted Bundy agia como se fosse invencível, pulando de uma cidade para outra, cada vez mais negligente; no entanto, estava prestes a cometer um de seus maiores erros.

COMPULSÃO ASSASSINA

Sexta-feira, 8 de novembro de 1974. Ted abordou Carol DaRonch, que trabalhava como telefonista em um centro comercial. Bundy fingiu ser um policial local para avisá-la de que alguém havia tentado roubar seu carro, e lhe pediu que o acompanhasse para registrar uma queixa. A jovem Carol concordou e entrou no carro do criminoso. Em dado momento, a mulher disse ao falso policial que o caminho não estava correto. Bundy a puxou em sua direção para algemá-la. Carol lutou o quanto pôde. Ele ainda prendeu um dos braços da garota, mas ela conseguiu abrir a porta e saltar do carro.

Uma pessoa normal (não um assassino), após cometer um deslize, se esconderia para que ninguém descobrisse o erro. Bundy, porém, já era um desenfreado cavaleiro do apocalipse. Na tarde do mesmo dia, 8 de novembro, após a fuga de Carol, ele foi atrás de outra vítima e encontrou Debra Jean Kent, uma estudante que, após sair de uma peça de teatro, foi abordada pelo assassino. Debra desapareceu; seu irmão esperou por ela, que prometera buscá-lo; em vão. Várias testemunhas relataram à polícia que um homem havia lhes pedido para acompanhá-lo para fora do estacionamento a fim de identificar um veículo. A polícia também encontrou uma chave que, mais tarde, destrancaria as algemas que Bundy colocara em Carol.

O ano sangrento de 1974 terminou. Em janeiro de 1975, Ted Bundy voltou a Seattle e foi ver Elizabeth Kloepfer, com quem mantinha um relacionamento amoroso, mas que já o havia denunciado diversas vezes e continuava suspeitando dele.

Ele era o homem que a polícia procurava pelos desaparecimentos e mortes de várias jovens. Elizabeth obviamente não contou isso a Bundy. O que essa mulher fazia para viver e superar o medo de ser ferida pelo homem que havia denunciado? As acusações contra Bundy eram importantes, mas a polícia não tinha provas suficientes. Ted, confiante, continuou seu trabalho, viajando entre Utah e Colorado.

LIXEIRO DO INFERNO

Domingo, 12 de janeiro de 1975. Caryn Eileen Campbell trabalhava como enfermeira. Assim como muitas pessoas que seguem essa profissão, era uma jovem de bom coração, disposta a ajudar os outros. Caryn caminhava sozinha até seu quarto de hotel antes de desaparecer. A mulher só foi vista novamente um mês depois, nua e sem vida, em uma estrada perto do hotel onde estava hospedada, em uma estação de esqui perto de Aspen, Colorado. Quando o médico legista a examinou, notou um grande número de cortes no corpo, mas a morte foi causada por pancadas na cabeça.

Sábado, 15 de março de 1975. Ted Bundy continuou com seu clássico *modus operandi*. Fingindo-se lesionado e com muletas, aproximou-se de Julie Cunningham, uma jovem instrutora de esqui. O assassino lhe pediu ajuda para carregar as botas de esqui até o carro. Quando chegaram ao veículo, Ted a golpeou e a algemou. Em seguida, levou-a embora em seu carro. Julie foi estrangulada. Seu corpo ficou em um local isolado até que, semanas depois, como quem visita um ente querido em um cemitério, Bundy voltou. Como fez com várias vítimas, Ted praticou necrofilia com o cadáver. Uma completa e total loucura.

Domingo, 6 de abril de 1975. Naquele dia, Denise Lynn Oliverson não pensou que seria a última vez que calçaria suas sandálias para andar de bicicleta; a mulher, de 25 anos, pedalava em seu dia de folga. Estava a caminho da casa dos pais para passar um domingo em família, péssimo não só pela discussão que havia tido com o marido momentos antes e que a tinha motivado a sair de casa, mas também porque Denise encontrou Ted Bundy, que deixou apenas os calçados e a bicicleta da jovem como vestígios, objetos abandonados sob uma ponte ferroviária.

Terça-feira, 6 de maio de 1975. O transtorno de Ted Bundy, incapaz de manter seus escrúpulos, levou-o a agredir sexualmente uma garota de doze anos. Lynette Dawn Culver foi estuprada em um quarto de hotel. O assassino, que fazia de qualquer canto um depósito maligno, deixou o corpo da menina em um rio de Salt Lake City.

VIDA SECRETA

E o que mais Ted Bundy fez além de matar? Levava uma vida normal, como qualquer funcionário que cumpria suas funções. Por exemplo, antes dos assassinatos oficiais, em 1971, trabalhou como atendente do Centro de Prevenção de Suicídio de Seattle, e seus colegas de trabalho o descreveram como um homem bondoso, empático e atencioso. Já em 1974, quando Ted já ostentava um rosário de assassinatos, trabalhava para o Departamento de Serviços de Emergência de Washington.

CONQUISTADOR

Enquanto trabalhava em Washington, conheceu Carole Ann Boone, com quem iniciou um relacionamento, e anos depois a engravidou. Para ter uma ideia do carisma de Ted Bundy, que compensava o ser desprezível que realmente era, em maio, após o assassinato de Lynette Dawn Culver, ele recebeu em seu apartamento, em Salt Lake City, durante uma semana inteira, a namorada, Carole. Ela chegou acompanhada por duas colegas de trabalho. Além disso, Bundy mantinha um relacionamento com Elizabeth Kloepfer, que, apesar da forte suspeita que alimentava de que Bundy era o autor dos crimes relatados na mídia, e de tê-lo denunciado várias vezes à polícia, ficou a seu lado e até conversou sobre casamento no Natal daquele mesmo ano. Isso mesmo: quando não matava, Ted

Bundy se aproveitava ao máximo de seu dom para conquistar, pois não só era namorado de Carole Ann Boone e Elizabeth Kloepfer, como também de uma estudante de direito da Universidade de Utah, identificada como Kim Andrews ou Sharon Auer. Porém, seria Carole Ann quem o acompanharia até o fim.

NÃO FUJA

Caro leitor, se está cansado de ler estes relatos, recomendo uma pausa. Talvez seja uma boa hora para usar um marca-texto, pois Ted Bundy gerou uma quantidade tão grande de informações, muitas delas imprecisas ou pouco detalhadas, que exige paciência. Se você sair agora, volte a qualquer momento, porque Bundy ainda não revelou todo seu arquivo.

Tempo contado

Sábado, 28 de junho de 1975. Susan Curtis foi raptada do campus da Universidade Brigham Young, ao sul de Salt Lake City. Até então, os investigadores contavam com muita informação, mas era um quebra-cabeça. Eles decidiram comparar os dados coletados e utilizaram um computador que os ajudou a encontrar compatibilidades e, acima de tudo, nomes de possíveis suspeitos. A máquina descartou o nome de Theodore Robert Cowell Bundy, entre outros.

O início do fim para Ted Bundy começou no sábado, 16 de agosto de 1975. Um agente de trânsito o deteve porque Ted não respeitou um semáforo. Quando pediu para verificar os documentos, o policial notou que o banco do carona havia sido retirado. No interior do veículo, havia uma máscara de esqui, cuja presença Ted justificou como parte de seu hobby. Havia também uma máscara feita com uma meia-calça, um pé de cabra, algemas — que, segundo Bundy, teriam sido encontradas no lixo —, um picador de gelo e um rolo de corda. O policial achou os itens estranhos e lembrou-se da descrição de Carol DaRonch, a telefonista que conseguiu escapar de Bundy. O agente, então, prendeu Ted, que ficou detido por 24 horas sob vigilância.

O que a polícia precisava fazer, já que havia detido o suspeito número 1? Encontrar provas concretas para incriminá-lo.

Apesar de terem encontrado um folheto da peça de teatro a que Debra Kent assistiu no dia em que Bundy a atacou e um mapa com as estações de esqui onde outras vítimas desapareceram, não havia provas o suficiente. Bundy contou, tempos depois, que não imaginava como as fotos que ele tirava das vítimas tinham passado despercebidas pelos agentes quando eles revistaram sua casa.

Simultaneamente, outros policiais viajaram até Seattle a fim de interrogar a namorada de Bundy, Elizabeth Kloepfer, para saber o motivo de suas suspeitas acerca de Ted. Entre muitas coisas, Kloepfer disse-lhes que, em seu apartamento, ela encontrou objetos cuja utilidade não compreendia, em especial as muletas e uma bolsa cheia de roupas femininas. Uma pista importante: Ted Bundy não havia passado a noite com Kloepfer na data de pelo menos dois desaparecimentos. Bundy precisava de um álibi.

É inacreditável, mas Bundy não foi levado a julgamento imediatamente. Faltavam mais provas que o incriminassem como autor material dos assassinatos; provas que começaram a aparecer em setembro do mesmo ano.

Em declínio

Bundy cometeu o erro de vender o veículo que lhe serviu como carro fúnebre desde que começou sua caçada particular. Quando a polícia descobriu que um jovem o tinha comprado, os agentes apreenderam o carro. O objetivo era analisá-lo em detalhes; e funcionou. Dentro do Fusca, os investigadores encontraram amostras de cabelo de três pessoas diferentes: três mulheres, três vítimas.

Quinta-feira, 2 de outubro de 1975. Oficiais colocaram Bundy na frente de várias pessoas ligadas aos assassinatos. Carol DaRonch não hesitou em dizer que Bundy era o homem que tinha fingido ser um policial para tentar sequestrá-la. Esse era o único crime pelo qual ele poderia ser preso: sequestro e tentativa de assassinato, mas ele não foi encarcerado. Ted pagou cerca de quinze mil dólares de fiança.

Como Bundy, que não ganhava tanto, pagou pela fiança? Os pais, que acreditavam em sua inocência, juntaram a quantia. Porém, o mais surpreendente foi que, em Seattle, à espera do julgamento, ele voltou a morar com Elizabeth Kloepfer. Sim, a namorada que o havia denunciado e que estava convencida de que ele era culpado. Ela o aceitou, arriscando a sorte.

Ted Bundy tentou fugir, sabendo que enfrentaria um julgamento em que todas as evidências estavam contra ele? Não. Além disso, a quantidade de agentes que o seguia dia e noite tirava qualquer esperança de escapar da punição.

Segunda-feira, 23 de fevereiro de 1976. Ted Bundy foi a julgamento pelo sequestro de Carol DaRonch e renunciou ao júri porque o advogado lhe disse que, com tanta cobertura da mídia, ele tinha muito a perder.

Então, na segunda-feira, 1º de março daquele ano, o juiz o considerou culpado. A sentença foi proferida em 30 de junho; Bundy poderia pagar entre um e quinze anos na prisão estadual de Utah.

O *serial killer* ficou de braços cruzados? Não.

DIAS DE CONFINAMENTO

A cabeça de Bundy, com todos seus demônios, começou a planejar a fuga. As autoridades prisionais, no entanto, perceberam a possibilidade e decidiram colocá-lo em uma cela isolada da população carcerária. Enquanto isso, os investigadores trabalhavam na coleta de provas para acusá-lo de mais crimes e prolongar sua sentença.

A polícia do Colorado conseguiu sua transferência de Utah para Aspen, para que ele enfrentasse as acusações pelo assassinato de Caryn Campbell, a enfermeira cujo corpo foi mutilado antes de ser espancada até a morte.

FUGA

Terça, 7 de junho de 1977. Bundy provou ser osso duro de roer, muito mais duro do que a polícia pensava. Ted estudou direito, logo, tinha o conhecimento necessário da lei para se defender e ser seu próprio advogado. O juiz aceitou seus recursos e lhe concedeu o benefício de comparecer em juízo sem algemas. O astuto Bundy aproveitou um recesso para solicitar acesso à biblioteca do tribunal, segundo ele, para estudar a literatura necessária para sua defesa; uma vez na biblioteca, abriu uma janela e pulou do segundo andar. Quando caiu, torceu o tornozelo, lesão que o acompanhou durante os seis dias de fuga, até que uma patrulha avistou um veículo em alta velocidade. Ao deter o carro, Ted Bundy foi capturado novamente.

Sonho de liberdade

Bundy voltou à prisão comum e, nas semanas seguintes, ganhou terreno no julgamento, não tanto por causa da manobra de seu advogado, mas porque os investigadores não conseguiram provas claras de sua culpabilidade. Todos perceberam, tanto amigos como rivais de Bundy, que era muito provável que ele fosse absolvido no caso do assassinato de Caryn Campbell. Todos menos o próprio Bundy, que lutava contra a ansiedade de se ver enjaulado, o que fez com que voltasse a pensar em outro plano de fuga, digno de um filme.

Ao longo de seis meses, o criminoso recolheu cerca de quinhentos dólares contrabandeados por seus visitantes, comprou uma serra para cortar metal e decidiu perder peso, algo em torno de dezesseis quilos; ele pretendia cortar uma parte das barras de metal no teto de sua cela e assim conseguir um espaço mínimo por onde pudesse se esgueirar através dos dutos do andar de cima. Enquanto os outros presos tomavam banho, ele serrava; enquanto dormiam, treinava o caminho que teria de fazer para fugir pelos canos, como um rato.

Em 30 de dezembro de 1977, Ted Bundy começou a agir. Por causa das férias de fim de ano, havia menos funcionários na prisão. Ele encheu sua cama de livros e sobre eles pôs um lençol, de forma que parecesse que alguém estava dormindo ali. Em seguida, subiu no telhado e foi até o escritório do diretor-chefe. Bundy sabia que o oficial não estaria lá, porque era sua folga. Ted desceu para pegar roupas no armário e se dirigiu à porta da frente. Então roubou um carro, que quebrou no meio do caminho. Teve que pegar uma carona, embarcou em um ônibus e depois pegou um voo que o levou até a cidade de Chicago. Só em 31 de dezembro, por volta do meio-dia, foi que perceberam que Bundy havia fugido da prisão.

Ted Bundy não ficou em Chicago, fez apenas uma escala. Seu destino final seria a Flórida. Acreditava que, se fosse discreto, não seria descoberto. Sendo tão sagaz, seu plano ainda parecia ingênuo, já que tentou conseguir um emprego, sem sucesso, porque precisava de uma identidade. Então começou a roubar, um ato menor comparado ao que já tinha no currículo. Porém, o instinto assassino, sempre latente, levou-o a outra cena sangrenta apenas quinze dias depois de sua grande fuga.

SEDE DE SANGUE

Domingo, 15 de janeiro de 1978. Ted Bundy cometeu o ataque mais brutal de todos. Por que se contentar em matar uma mulher ou duas por dia, quando podia atacar quatro ou cinco garotas? Minutos antes das 3h, Bundy entrou no alojamento da Universidade do Estado da Flórida e, no intervalo de quinze minutos, atacou Margaret Bowman, Lisa Levy, Kathy Kleiner e Karen Chandler. Primeiro, ele foi até Margaret, agredindo-a com um pedaço de madeira e a sufocou com uma meia de nylon; depois, foi até o quarto de Lisa e a atacou enquanto dormia. Ted a estrangulou e, como um cão raivoso, a mordeu na nádega esquerda, arrancou um de seus mamilos e a estuprou com uma garrafa. Ele seguiu para o quarto de Kathy. Ted quebrou o maxilar da garota e a feriu seriamente no ombro. A última foi Karen, que teve um dedo esmagado e o maxilar quebrado. Bundy ainda arrancou os dentes da mulher e a deixou em estado de choque. Ninguém ouviu nada.

Ted Bundy ficou satisfeito depois de tirar a "sorte grande" naquela noite? Não.

Saiu do alojamento e, perto dali, invadiu o apartamento de Cheryl Thomas, uma estudante de dança da universidade. Bundy destruiu todos os sonhos da jovem ao lhe romper o crânio e a mandíbula. Com essas lesões, ele a condenou ao silêncio eterno: Cheryl ficou surda e jamais recuperou o equilíbrio. Quando a polícia chegou, encontrou um objeto que ligava o evento a Ted Bundy — uma máscara de nylon —, além de uma amostra de sêmen.

Quarta-feira, 8 de fevereiro de 1978. Ted Bundy estava em busca de novas vítimas. Deparou-se com uma adolescente de catorze anos, Leslie Parmenter, mas seu irmão conseguiu afugentá-lo. No mesmo dia, andando com um carro que roubou na universidade, chegou a Lake City. Lá, passou a observar Kimberly Diane, uma menina de doze anos. Ted aproveitou o momento em que Kimberly foi sozinha a um refeitório para sequestrá-la. O cadáver somente foi encontrado dois meses depois, mas Ted Bundy foi pego antes disso.

Dia 15 de fevereiro de 1978. Bundy dirigia outro carro roubado. Tinha abandonado o apartamento que alugava na Flórida porque não tinha mais dinheiro para pagar. Por volta da uma da madrugada, um oficial o fez encostar e lhe disse que o carro era roubado. Quando o policial estava prestes a prendê-lo, Bundy o chutou e correu. O oficial se recuperou e disparou duas vezes como sinal de aviso para Bundy parar. Por fim, ele o capturou. No carro, havia várias identificações de estudantes da Universidade do Estado da Flórida, cartões de crédito roubados e até mesmo uma televisão. O oficial o colocou em sua patrulha, sem perceber que havia capturado um dos fugitivos mais perigosos dos Estados Unidos.

O FIM

Ted Bundy foi a julgamento pelos assassinatos cometidos no alojamento da Universidade. Foi o primeiro julgamento televisionado para todos os Estados Unidos, mas a expectativa ultrapassou as fronteiras. Ted Bundy era conhecido em países do mundo inteiro, e a cobertura da mídia foi uma das razões pelas quais o assassino cometeu um erro em sua defesa. Ted e os advogados sabiam que poderiam fazer um acordo se ele se declarasse culpado; isso o livraria da pena de morte ao menos, mas ele optou por se defender e não aceitar o acordo. Era covarde ou orgulhoso demais para ficar na frente do juiz, diante dos olhos de todos, e assumir a culpa. Assim, na terça-feira, 24 de julho de 1979, com todas as testemunhas que o tinham visto na universidade, inclusive uma pessoa que o identificou por carregar o pedaço de madeira com o qual matou Margaret Bowman, o juiz concedeu duas sentenças de morte pelos assassinatos de Margaret Bowman e Lisa Levy.

Ted Bundy estava perdido, mas ainda precisava ser julgado pelo assassinato de Kimberly Leach. Uma testemunha o viu acompanhar a menina do pátio da escola até o veículo que roubara. Ao comparar as fibras de tecido da roupa de Leach com as que estavam na jaqueta de Bundy quando foi preso, mais evidências foram encontradas, provas suficientes para determinar a culpa do assassino no rapto de Kimberly. Em 10 de fevereiro de 1980, Ted Bundy foi condenado a morte pela terceira vez. Seu lugar na cadeira elétrica estava mais do que garantido.

Carole Ann Boone, uma das namoradas de Bundy e ex-colega de trabalho, protagonizou um acontecimento incrível e que foge a qualquer lógica: a mulher compareceu ao julgamento pela morte de Kimberly Leach para pedir Ted em casamento em frente ao juiz. Sem mais cerimônias nem trâmites, os dois se casaram, e, em outubro de 1982, ela deu à luz uma menina, assegurando que o pai era Ted Bundy, que havia subornado os guardas na prisão para manter relações sexuais com ela.

Na noite anterior ao dia em que enfrentou a cadeira elétrica, Ted Bundy admitiu trinta assassinatos nos estados da Califórnia, Colorado, Flórida, Idaho, Oregon e Utah. Porém, as palavras do reverendo que o acompanhou em oração durante seus últimos dias dão uma clara e enérgica dimensão ao trabalho sangrento de Ted Bundy: "Acho que nem ele sabia quantas pessoas matou."

INJEÇÃO LETAL

Este método de execução foi aprovado nos Estados Unidos em 1977. Em 1982, Charles Brooks foi o primeiro a ser submetido à fórmula, que consiste na injeção de um barbitúrico de ação rápida e letal nas veias, em combinação com uma substância química paralisante, semelhante à utilizada na anestesia geral. Três substâncias são regularmente utilizadas: tiopental sódico, brometo de pancurônio e cloreto de potássio. O primeiro é um barbitúrico que leva à perda da consciência; o segundo é um relaxante muscular que paralisa o diafragma, e o terceiro causa uma parada cardíaca.

Willie

Lorraine Shenher começou a carreira na polícia de Vancouver, Canadá, no início dos anos 1990; tinha 27 anos e desejava melhorar a sociedade. Por volta dessa época, Lorraine decidiu se submeter a uma cirurgia de mudança de sexo. Passou a se chamar Lorimer. Em seus primeiros dias, ainda Lorraine, trabalhou como agente disfarçada, fazendo-se passar por uma prostituta em uma área chamada Downtown Eastside, onde atraía homens em busca de sexo, depois os prendia. Por meio de seu trabalho, Lorimer tomou consciência da violência com que os clientes tratavam as profissionais do sexo e de como estas não eram levadas a sério pelas autoridades quando denunciavam abusos. A experiência o comoveu e o colocou na rota do maior *serial killer* da história do Canadá.

Primeira pista

No fim da década de 1990, moradores da mesma área onde Shenher trabalhava relataram o contínuo desaparecimento de mulheres; em 1998, foram dezessete, principalmente prostitutas e usuárias de drogas. Porém, a investigação desses desaparecimentos não foi adiante devido ao preconceito com a profissão daquelas mulheres. Até mesmo a Seção de Crimes Graves insinuou ao oficial Kim Rossmo que, devido ao estilo de vida, as mulheres provavelmente haviam mudado de residência e não tinham, de fato, desaparecido. Após analisar os sumiços (desde 1996), Rossmo sugeriu a existência de um *serial killer*.

Felizmente, agentes como Shenher puseram de lado o preconceito e começaram a trabalhar. Na verdade, foi ele quem teve a primeira pista para capturar o responsável pelos desaparecimentos das dezessete mulheres. Shenher estava havia apenas dois dias à frente da unidade de pessoas desaparecidas de Vancouver quando uma ligação anônima lhe deu um suspeito: Robert William Pickton.

QUEM ERA PICKTON?

Simplificando, Robert "Willie" Pickton era criador de porcos, mas o que chamou a atenção de Shenher foi uma denúncia feita no dia 23 de março de 1997 contra Willie por tomar à força e quase esfaquear até a morte uma prostituta chamada Wendy Lynn Eistetter. De acordo com o testemunho da mulher, os dois tiveram relações sexuais na fazenda. Quando terminaram, ele lhe estendeu uma das mãos e, com a outra, enfiou uma faca em seu estômago. Ela reagiu e chegou a esfaqueá-lo também. Ambos foram tratados no mesmo hospital. Nada foi feito quanto à acusação, porque os investigadores não levaram Wendy a sério, já que a mulher, além de prostituta, era viciada em heroína.

O Palácio dos Porcos

A chamada indicou não apenas o nome de um possível suspeito; a pessoa sugeriu a Shenher que inspecionasse a fazenda de porcos de Pickton. Lá, o oficial encontraria bolsas, roupas e outros pertences de mulheres desaparecidas, incluindo documentos de identidade. A denúncia terminou com uma insinuação arrepiante: "Pickton tem um moedor de carne que, se falasse, poderia dizer muitas coisas."

Shenher tinha toda a intenção de ir atrás de Robert Pickton ou, pelo menos, de entrar em sua propriedade, mas como o local, chamado Palácio dos Porcos, estava fora da cidade, caberia à Polícia Montada inspecioná-lo. Porém, embora houvesse comunicação entre a polícia de Vancouver e os *Mounties* (como é também chamada a Polícia Montada), a burocracia era um fardo.

Robert Pickton foi posto sob vigilância por três dias. Entretanto, Willie nada fez para levantar suspeitas de que fosse responsável pelos desaparecimentos das mulheres.

Informante anônimo

Maio de 1999. A polícia de Vancouver formou uma equipe especial para investigar os desaparecimentos; Shenher era o líder. Mais informações chegaram até ele: outra denúncia lhe assegurou que Pickton continuava praticando feminicídios, e que os corpos eram descartados em sua fazenda de porcos. O denunciante alegou ter entrado no matadouro e no quarto do Willie e ter visto diversas algemas. Em outro local, havia também um freezer que continha um tipo de carne peculiar, talvez humana. A fonte anônima forneceu um nome: Lynn Ellingsen, amiga de Pickton, que escolhia as vítimas. Além disso, a fonte relatou que Ellingsen havia lhe confirmado ter visto, na fazenda de porcos, pendurado em um gancho, um corpo que mais parecia de mulher que de animal. Deste, Pickton cortava tiras do que pareciam pernas.

O que fez Shenher? Avisou a Polícia Montada sobre as pistas, e a corporação logo tentou interrogar Lynn Ellingsen, mas não teve sorte. Os oficiais também tentaram revistar a propriedade de Pickton, mas seu irmão lhes negou entrada, alegando que estavam muito ocupados e que voltassem "após a temporada de chuvas".

Algum tempo depois...

A Polícia Montada, como se não desse tanta importância ao caso, voltou mais de três meses depois para interrogar Robert Pickton, que obviamente negou ser o responsável pelo desaparecimento e morte de qualquer mulher. E ainda convidou, calmamente, os policiais a revistarem a fazenda.

A corporação não acreditou em suas palavras. À época, o número de mulheres desaparecidas havia aumentado de dezessete para trinta, quase o dobro.

O ano de 2001 chegou. Enfim, a polícia de Vancouver e os *Mounties* uniram forças. Muito tempo havia se passado; o detetive Shenher chegou a pedir para ser afastado do caso, desgastado pela burocracia para conseguir avançar a investigação. Porém, em vez de agir rapidamente e ir atrás de Pickton, foi somente em 5 de fevereiro de 2002, uma terça-feira, que um oficial da Polícia Montada conseguiu um mandado de busca para a propriedade de Willie, alegando a existência de uma arma de fogo sem licença. Durante a inspeção, encontrou um inalador que tinha o nome de uma das mulheres desaparecidas. Robert Pickton, então, foi detido, mas no dia seguinte entrou em liberdade condicional, já que o porte de armas irregular não podia mantê-lo na prisão.

Preso

As investigações continuaram na fazenda, não só pelo crime de posse ilegal de arma, mas também para buscar pistas que ligassem Willie às mulheres desaparecidas. Então, na sexta-feira, 22 de fevereiro de 2002, a polícia encontrou provas suficientes para prendê-lo pelo assassinato de Sereena Abotsway e Mona Wilson. Desde essa data até novembro de 2003, os investigadores escavaram na propriedade muitos corpos em avançado estado de decomposição; caveiras com pedaços de mãos e pés enfiados no crânio, restos humanos em sacos de lixo, mandíbulas quebradas, dentes e até mesmo uma arma à qual Willie adaptou um vibrador como silenciador. Com essa arma, ele sodomizou e assassinou as vítimas. Com essas provas, Robert Pickton foi indiciado pelo assassinato de 27 mulheres.

Segunda-feira, 30 de janeiro de 2006. O julgamento contra Robert Pickton foi iniciado. Ou melhor, uma primeira parte ou julgamento preliminar, que consistiu em reunir as provas necessárias para condenar o criador de porcos pelos assassinatos. No entanto, o juiz dispensou um dos 27 por falta de provas. O mesmo juiz determinou que um julgamento por 26 assassinatos seria muito longo, tortuoso e daria ao acusado a possibilidade de ser absolvido devido a alguma inconsistência; logo, o magistrado decidiu julgá-lo por apenas seis mortes. Dentre todas as provas, destacou-se um vídeo no qual Pickton comentava com um amigo que uma das formas mais eficazes de matar uma mulher viciada em heroína era injetar em suas veias um líquido usado para limpar para-brisas de veículos. Não ficou comprovado que isso aconteceu de fato às vítimas, mas em sua fazenda foi encontrada uma seringa com alguns mililitros de um líquido azul. O *modus operandi* de Pickton, este sim confirmado pela polícia, era sequestrar as mulheres, asfixiá-las, limpar o sangue dos corpos e esquartejá-los.

FLORES AOS PORCOS

Outra polêmica surgiu: Pickton cortava suas vítimas para dar a carne aos porcos. As autoridades, então, alertaram que o assassino poderia ter misturado a carne humana à animal, e que os porcos alimentados com restos humanos teriam sido vendidos. Mais tarde, foi determinado que os porcos não tinham sido vendidos a clientes de Pickton, mas alguns foram cedidos a seus amigos. Testemunhas disseram que os porcos da fazenda eram muito grandes e fortes; um deles pesava 270 quilos, algo não natural.

O processo

Segunda-feira, 22 de janeiro de 2007. O julgamento de Robert Pickton, acusado de seis assassinatos em primeiro grau, começou com seriedade. O juiz advertiu que o processo seria longo e árduo, como um filme de terror. Durante mais de um ano de investigação, toneladas de terra foram reviradas e centenas de testes de DNA foram realizadas. Com eles, foram encontradas pelo menos 31 mulheres desaparecidas. Embora o julgamento tenha se concentrado em seis vítimas, os investigadores observaram que Pickton poderia ter matado mais de cinquenta pessoas.

Por que a acusação considerou um número tão grande? Não apenas pelas análises forenses, mas também por uma gravação feita na cela de Pickton. Um agente disfarçado foi posto lá para se passar por outro preso. Pickton confessou ao "companheiro" de cela que havia matado 49 pessoas, e que se incomodava por não ter completado um número redondo, ou seja, cinquenta vítimas, para, em seguida, assassinar outras 25.

Segunda-feira, 10 de dezembro de 2007. O juiz considerou Robert Pickton culpado de seis assassinatos em segundo grau; ele não o condenou em primeiro grau porque o júri argumentou que não havia provas para determinar que todas as mortes foram planejadas, mas as evidências confirmaram que ele havia matado todas as seis mulheres. Assim, o juiz condenou-o à prisão perpétua sem possibilidade de liberdade condicional após 25 anos.

Em junho de 2018, Robert Pickton foi transferido de Vancouver para outra prisão de segurança máxima, localizada a seiscentos quilômetros a nordeste do Quebec, para a segurança do prisioneiro e para que ele fosse incluído em programas de reabilitação.

E quanto a David Pickton, irmão de Robert, que trabalhava na mesma fazenda? Nada aconteceu a ele. David foi investigado como cúmplice ou coautor dos crimes, porém nenhuma evidência foi encontrada e ele não foi levado a julgamento. Ele continuou no Palácio dos Porcos, mesmo sem a companhia do porco maior, Robert Pickton, a quem muitos familiares das vítimas queriam esfolar vivo.

DECOMPOSIÇÃO DE CADÁVERES

Um corpo se decompõe, grosso modo, da seguinte forma. Primeiro vem o *algor mortis*, um resfriamento derivado da falta de processos metabólicos, a uma taxa de um grau Celsius por hora, dependendo das condições. Então as barreiras celulares se rompem, causando a desidratação. A seguir, vem o *livor mortis* ou lividez, ou seja, o aparecimento de hematomas. O *rigor mortis* é o próximo passo, quando ocorre o endurecimento muscular. No fim, acontece a putrefação, graças aos micro-organismos.

O PERSEGUIDOR NOTURNO

A hibristofilia é a atração sexual por pessoas potencialmente perigosas ou que tenham cometido algum delito grave. É uma parafilia que pode ser passiva ou ativa. Quando passiva, a pessoa expressa sua fascinação pelo delinquente sem o desejo de cometer quaisquer crimes; porém, quando ativa, a pessoa pode se converter em cúmplice.

John Money, psicólogo e sexólogo, cunhou o termo em 1950. A hibristofilia não é considerada uma doença, apenas uma preferência sexual. Por que ela ocorre? Como é possível que uma pessoa consiga sentir desejo e afeto por um assassino?

As mulheres que se relacionam com presidiários, por meio de cartas ou visitas íntimas, sabem que lidam com pessoas violentas, mas não se sentem em perigo porque os amados estão presos, e, por lhes oferecerem amor e carinho, não temem consequências. Sua prova de amor é aceitá-los como são, cientes de tudo que fizeram.

OLHAR MATERNO

De acordo com os estudos, indivíduos com hibristofilia fantasiam que podem transformar criminosos com seu amor e atenção; é possível também que as pessoas que se apaixonam por assassinos os vejam com um olhar materno, sintam pena e os considerem vítimas das circunstâncias e queiram protegê-los.

Péssimo começo

Não foram poucos os *serial killers* ou criminosos de renome que receberam propostas de casamento ou carinho e afeto na prisão. Um deles, por exemplo, foi Charles Manson, responsável pelo assassinato da atriz Sharon Tate, entre muitos outros. No entanto, o arquivo que leremos a seguir pertence a um assassino cujo carisma atraiu muitos olhares femininos. Seu nome: Richard Ramírez. Prepare-se para visitar um dos recantos do inferno, ou um dos discípulos do diabo.

Richard Ramírez nasceu em 29 de janeiro de 1960, em El Paso, Texas. O pai, Julian Ramírez, era de Ciudad Juarez, em Chihuahua, e a mãe se chamava Mercedes Muñoz. O pequeno Richard cresceu em um ambiente familiar hostil, vítima de maus-tratos do pai, o que o levou a uma luta constante para sobreviver desde muito jovem, encontrando um péssimo refúgio nas drogas.

Na escola, Richard não se destacava pelo desempenho acadêmico nem pelo carisma. Era um menino tímido que não se relacionava facilmente. Mesmo sua constituição física, muito magra, denotava como era frágil; a única característica que o diferenciava dos demais eram as convulsões que o afligiam desde a infância até a adolescência; convulsões epiléticas que a família atribuía a um forte golpe na cabeça que certa vez recebeu de um balanço no parque.

Parente maldito

Richard tinha um primo, ex-combatente do Vietnã, que lhe contou suas aventuras na guerra, especialmente os crimes que havia cometido sob o disfarce do caos do campo de batalha. Seu primo Mike lhe mostrou fotografias de mulheres que havia estuprado e assassinado, e lhe transmitiu o prazer que sentia em mutilá-las e lhes tirar a vida.

Assim, Mike tornou-se sua maior e pior influência. Richard e ele *brincavam* de assaltar fazendas e matar animais.

Um dos momentos passados com Mike desequilibrou Richard para sempre. Certa tarde, a esposa de Mike exigiu que o veterano de guerra fizesse algo da vida e arranjasse um emprego. Mike não gastou saliva em uma discussão nem tentou postergar o assunto: o ex-soldado sacou a arma e matou a esposa com um disparo à queima-roupa na cabeça. Conta-se que o sangue respingou em Richard Ramírez, que manteve em segredo o testemunho do homicídio. O primo foi levado a julgamento, a defesa argumentou que ele sofria de estresse pós-traumático de guerra, e Mike acabou em um hospital psiquiátrico.

Richard, com a saúde mental estremecida, começaria sua própria história de sangue.

Desejos malignos

O vício em drogas, principalmente maconha, serviu como trampolim para que Richard se tornasse um menor infrator, pois ele precisava de dinheiro para comprar narcóticos. Começou a roubar nas ruas, mas cada assalto levava a outro mais sério, cumprindo todos os requisitos do crime, embora não tenha matado ninguém naquela época. Entretanto, Richard começou a se interessar pelo satanismo. Passou a se considerar um servo do mal, e a violência que o acompanhou desde a infância começou a excitá-lo sexualmente. Costumava pensar em cenas grotescas que envolviam muito sangue, demônios e atos carnais. O desejo pelo mal o havia permeado até os ossos.

Em 28 de junho de 1984, Richard Ramírez, aos 24 anos, foi completamente seduzido pelo diabo. Caminhava pelo Glassel Park Street, em Los Angeles, Califórnia, quando aproveitou a escuridão da noite para se camuflar e invadir o apartamento de Jeannie Vincow, uma mulher de 79 anos que, mesmo que tivesse aberto a porta voluntariamente, ofereceria pouca resistência. Richard entrou pela janela que a senhora deixou aberta, e, após dominá-la, estuprou a idosa e a esfaqueou em diversos pontos do corpo. A maldade foi tanta que os golpes no pescoço da mulher praticamente a decapitaram. O filho a encontrou no dia seguinte.

HAT-TRICK

Domingo, 17 de março de 1985. Após nove meses, Richard Ramírez voltou a matar brutalmente.

No futebol, o *hat-trick* acontece quando um jogador marca três gols em uma única partida. Richard Ramírez quase completou um *hat-trick* na mesma noite. Talvez a longa seca de sangue o tenha levado a uma noitada de terror. Primeiro, ele se aproximou do carro de María Hernández, que chegava em sua casa em Rosemead, Los Angeles, após o trabalho. Da mesma forma que o primo matou a esposa, Richard atirou no rosto de María assim que ela abriu a porta do carro. María tentou, por reflexo, se defender com as mãos. O projétil acabou acertando as chaves do automóvel que ela segurava. Apesar de apenas ferida, a jovem fingiu-se de morta e tombou no veículo. Richard a deixou ali e entrou na casa da vítima, onde encontrou Dayle Okazaki, que dividia a casa com Hernández. Richard disparou em sua cabeça sem falar nada. Dayle morreu na hora. Richard fugiu, mas não para se esconder. Uma hora depois, voltou à área de Monterey Park e abordou uma mulher de origem chinesa chamada Tsai-Lian Yu, que dirigia um carro. Ramírez a obrigou a parar e abrir a porta. Em seguida, disparou várias vezes, deixando a mulher agonizando. Ela morreu antes que a polícia chegasse ao local. Três ataques em uma noite, duas pessoas mortas. Apenas María Hernández tinha sobrevivido para descrever as características físicas de Ramírez.

Olhos dentro de uma caixa

Quarta-feira, 27 de março de 1985. Faltavam apenas dez dias para Richard Ramírez cometer o próximo assassinato duplo. A noite era sua cúmplice. Ele já estava familiarizado com a área perto da via expressa de San Gabriel, porque, um ano antes, havia roubado a casa do casal Zazzara. Por volta das duas horas da manhã, Richard voltou à mesma casa e encontrou o sr. Vincent Zazzara, de 64 anos, dormindo; sem acordá-lo, deu-lhe um tiro na cabeça, o que despertou Maxine Zazzara, de 44 anos, abruptamente. A mulher acordou a tempo de ver o marido morto e teve as mãos amarradas. Ramírez, então, a forçou a revelar onde estavam os objetos de valor. Com a informação, o assassino a deixou. Maxine aproveitou o momento para desamarrar as mãos e pegar uma escopeta que guardava sob a cama.

Maxine apontou a arma e disparou com toda sua raiva, mas também com toda a má sorte, já que estava descarregada. O fato enfureceu Ramírez, que partiu para cima da mulher e disparou três vezes contra ela. Depois a esfaqueou em diversos pontos do corpo, talhando, também, uma letra "T" em seu tórax. Quando Maxine já estava morta, Ramírez retirou seus olhos e os colocou em uma caixa. Foi embora em seguida, deixando apenas as marcas dos sapatos no jardim. O que fez a polícia? Naquele momento, determinou que estava lidando com um *serial killer*, já que as balas coincidiam com as encontradas na cena do duplo homicídio anterior.

Casas alheias

Richard Ramírez invadiu a casa do casal Doi, em Monterey Park. Bill tinha 66 anos, e Lilian, 56. Richard entrou pelo quarto principal, disparou no rosto de Bill e o golpeou até que estivesse morto. Em seguida, dirigiu-se aos aposentos de Lilian, que não pôde fazer muito porque era deficiente. O assassino a ameaçou e passou a coletar objetos de valor. Antes de ir embora, Richard estuprou Lilian. Bill Doi não sobreviveu, e Lilian descreveu os mesmos traços que María Hernández: seu agressor era de origem hispânica, alto, magro e moreno.

Quarta-feira, 29 de maio de 1985. Richard Ramírez invadiu a residência de Mabel Bell e Florence Lang, de 83 e 81 anos, respectivamente. Primeiro, atacou Lang com um martelo e a amarrou em seu quarto. Em seguida, amarrou Bell e voltou para Florence a fim de estuprá-la. Com um batom, desenhou um pentagrama em sua coxa, mostrando que estava amparado por Satanás. Após alguns dias, as idosas foram encontradas vivas, mas, no fim, apenas Florence sobreviveu ao ataque.

Quinta-feira, 30 de maio de 1985. O cenário era a cidade de Burbank. Ramírez invadiu a casa da sra. Carol Kyle, de 42 anos. Ele a acordou com uma lanterna e uma arma apontada para os olhos. Richard queria dinheiro, e o nervosismo fez Carol se mexer muito lentamente. Ele, então, a levou à força ao quarto do filho de onze anos. Carol ficou aterrorizada quando Ramírez tomou o menino como refém, e tentou acalmar o intruso entregando-lhe uma joia valiosa escondida em um armário. Ramírez não parou por aí. Trancou o menino no closet, de modo que ele não viu Richard amarrar sua mãe com meias e estuprá-la violentamente diversas vezes.

Durante o ato, Ramírez ordenava que Carol fechasse os olhos, do contrário ele os arrancaria. Ela obedeceu, mas disse-lhe que tinha pena dele pela vida muito infeliz, e que só isso explicava por que atacaria uma mulher indefesa daquela maneira. Ramírez, cinicamente, respondeu que, para a idade, ela estava muito bem conservada, então pouparia sua vida. Carol viveu para contar à polícia uma história semelhante à dos crimes anteriores, cometidos por uma pessoa com os mesmos traços.

PERSEGUIDOR

Os assassinatos chegaram à imprensa. A polícia estava alerta, e a população da Califórnia também. Os jornais descreveram o *modus operandi* de Richard Ramírez, e alguns o chamaram de o Perseguidor do Vale, mas o apelido mais famoso foi o de Perseguidor da Noite.

BANHO DE SANGUE

Quinta-feira, 27 de junho de 1985. Como se quisesse celebrar em grande estilo o primeiro aniversário de seu terror, Richard decidiu comemorar estuprando uma menina de seis anos na região de Arcadia; um dia depois, em 28 de junho, ele decapitou Patty Elaine Higgins. Foi assim que recomeçou seu ano maldito.

Terça-feira, 2 de julho de 1985. Mais uma vez, o Perseguidor da Noite estava na região de Arcadia. Ramírez roubou um carro, como havia feito meses antes, para cometer seus crimes, e chegou à casa de Mary Louise Cannon, de 75 anos. É preciso estar bastante transtornado e drogado, o que ocorria frequentemente com Ramírez, para atacar impiedosamente uma mulher idosa, que dormia. Mary Louise não teve tempo para nada, porque Richard a agrediu com uma lâmpada e depois cravou uma faca de açougueiro em seu corpo diversas vezes. Richard cortou a alma de Mary em pedaços.

Era 5 de julho de 1985. Qualquer um pensaria que, com o alarme de um *serial killer* à solta, todos os lugares estariam completamente vigiados. Em parte, sim; no entanto, Ramírez voltou a Arcadia para atacar Deidre Palmer, uma garota de apenas dezesseis anos que foi severamente golpeada com uma calota de pneu. Deidre acabou sobrevivendo, por sorte.

Domingo, 7 de julho de 1985. Richard Ramírez espreitava pela área de Monterey Park. Naquela noite, escolheu duas idosas. Primeiro, entrou na casa de Joyce Lucille Nelson, de 61 anos, a quem socou diversas vezes até acabar com a existência da mulher. Richard espancou Joyce até que a senhora não mais respirasse. Então, sem um pingo de remorso, na mesma área, o homicida invadiu a casa de Linda Fortuna, de 63 anos; a idosa estava dormindo, mas acordou assustada ao sentir a arma de Ramirez no rosto. Ela não pôde gritar por socorro, porque Richard a ameaçou. Ele a levou à força para o banheiro, onde a trancou para saquear a propriedade tranquilamente, mas, como já havia feito várias vezes, quis completar seu ritual monstruoso estuprando Linda. Richard a tirou do banheiro e a arrastou para o quarto, mas seu pênis não ficou ereto. O que Ramírez fez? Furioso e envergonhado, fugiu com os pertences de Linda.

Sábado, 20 de julho de 1985. Max e Lela Kneiding, de 68 e 66 anos, respectivamente, descansavam em sua casa, em Glendale, Califórnia. Eram um casal calmo e amoroso, casados havia 47 anos, com três filhos e treze netos; ele era dono de um posto de gasolina, e ela trabalhava no departamento de segurança de um armazém. Sentiam prazer no que faziam e ofereciam churrascos aos amigos com frequência, sempre que havia uma partida dos Lakers ou dos LA Dodgers. A porta da casa estava destrancada naquela noite. Estava sempre destrancada, como um gesto para que seus parentes os visitassem sempre que quisessem. O casal não contava que o visitante da vez seria Richard Ramírez, que os assassinou a tiros. Ele parecia mais irritado com Lela, pois, após atirar na mulher, ainda esfaqueou o corpo repetidamente. O reverendo da igreja que Lela e Max frequentavam, ao saber da notícia terrível, questionou-se: "Por que Deus deixaria que isso acontecesse a pessoas tão boas?"

Richard Ramírez não ficou satisfeito com o massacre dos Kneiding. Na manhã do mesmo dia 20 de julho, por volta das 6h, entrou na casa dos Khovananth. Chainarong tinha 32 anos e gostava de passar tempo com a esposa, Somkid, o filho de oito anos e a filhinha, de menos de três anos. Gostava tanto de *blackjack* que foi enterrado com um baralho de cartas. Quando Ramírez invadiu sua casa, atirou em Chainarong enquanto ele dormia. O bom tailandês nada pôde fazer para defender a esposa e o filho mais velho, que foram abusados sexualmente pelo Perseguidor da Noite. Além disso, Ramírez saqueou a casa e, antes de sair, obrigou Somkid a jurar em nome de Satanás que não havia mais dinheiro.

Terça-feira, 6 de agosto de 1985. Christopher e Virginia Petersen, de 42 e 31 anos, respectivamente, dormiam em sua casa em Northridge, assim como sua filha de quatro anos. Richard Ramírez invadiu a residência, passando por uma porta deslizante destrancada e, como de costume, ficou em frente à cama dos Petersen. Virginia sentiu algo que a despertou de um sono profundo e, quando abriu os olhos, viu Richard Ramírez, que começou a agredi-los por 45 segundos, que pareceram eternos; 45 segundos de pesadelo que afetaram o resto de suas vidas. Ramírez atirou no casal, e eles, da melhor forma que puderam, tentaram escapar das balas que atingiram a casa inteira. Alguns projéteis acertaram as paredes, mas outros passaram de raspão pelas cabeças de Christopher e Virginia. Um projétil feriu o pescoço de Christopher, chegando quase à medula espinhal. Ramírez fugiu; o casal sobreviveu, ficando com medo pelo resto de suas vidas e com traumas perenes em diferentes partes do corpo. Porém, o que mais os acometeu foi a tortura psicológica. Virginia largou o emprego. Christopher também, um tempo depois; um emprego de mais de dez anos em um armazém. Precisou buscar um ofício que não lhe demandasse tanto fisicamente. Além disso, mudaram de casa e só ficaram em paz quando souberam, semanas depois, da prisão do Perseguidor.

Quinta-feira, 8 de agosto de 1985. Richard Ramírez dirigia outro carro roubado pela área do Diamond Bar, no Vale de San Gabriel, e parou em frente à casa de Elyas Abowath, de 31 anos, sua esposa, Sakina, de 27, e seus dois filhos, um de três anos e o outro de apenas alguns meses. O relógio marcava minutos antes das três da manhã quando Richard Ramírez invadiu a sala principal. Com rapidez, sacou a arma e matou Elyas com um disparo certeiro na cabeça. Imediatamente, agrediu o rosto de Sakina, que não entendeu o que acontecia até que, já no chão, aos pés de Ramírez, ouviu o invasor exigindo dinheiro. Devido à lentidão da mulher para reagir, Ramírez pegou o filho de três anos e encostou uma faca em seu peito, dizendo-lhe que, se ela não lhe desse tudo, Richard o mataria; Sakina concordou. Ramírez se aproximou dela, agarrou-a pelos cabelos e a ameaçou: se ela gritasse, o assassino tiraria sangue de seu filho. Sakina deu-lhe joias e dinheiro, mas não foi o suficiente para garantir a misericórdia de Ramírez. Ele começou a estuprá-la brutalmente, várias vezes. Ao penetrá-la, disse-lhe que Satanás a castigaria se ela pedisse ajuda. Em algum momento, o menino de três anos entrou no quarto. Ao vê-lo, Ramírez o amarrou para poder continuar estuprando a mãe. O assassino ainda a forçou a lhe fazer sexo oral. Quando terminou, Sakina praticamente não tinha forças para desamarrar seus filhos e pedir ajuda. Os filhos do casal Abowath não foram feridos fisicamente e nunca entenderam os fatos, até quando Sakina lhes contou como o pai havia morrido. Até então, ela teve de dizer que Elyas tinha morrido de câncer. Anos mais tarde, quando o Perseguidor da Noite morreu, Sakina declarou à imprensa que Ramírez merecia ainda mais dor do que a doença que matou o homicida causara. "Ele devia ter sofrido o que eu e toda a minha família sofremos durante 28 anos, desde o ataque até seu último suspiro."

Quando tudo termina

Domingo, 18 de agosto de 1985. Ramírez decidiu mudar de região, porque a investigação sobre seus crimes se intensificou. De Los Angeles, ele se mudou para São Francisco. Foi lá que escolheu a casa da família Pan. Peter, de 66 anos, foi morto com sua marca registrada: um tiro na cabeça durante o sono. Ele também atirou em Barbara, de 62 anos, mas primeiro saciou seus instintos ao sodomizá-la. Antes de sair, pegou um batom e pintou um pentagrama e a frase *Jack, The Knife* ["Jack, a faca", em tradução livre], como se fosse uma alusão ao Estripador, cuja história quase não encontra comparação com os feitos do Perseguidor da Noite.

Sábado, 24 de agosto de 1985. Ramírez não sabia, mas estava prestes a cometer seu último ato criminoso, cruel, miserável e indecente como os anteriores. Richard dirigiu cerca de oitenta quilômetros ao sul de Los Angeles, até a casa de Bill Carns, de 29 anos, que morava com Ines Ericksson, de 27. Uma vez dentro da casa, ele atirou na cabeça de Bill e estuprou Ines mais de uma vez. Enquanto abusava da mulher, Richard a forçou a jurar em nome de Satanás que o amava. Finalmente, pegou o rosto de Ines e ordenou-lhe que fizesse sexo oral nele se não quisesse morrer. No fim, Ramírez a amarrou e fugiu. Ines não ficou parada. Aos trancos, foi até a janela, de onde pôde ver que seu agressor havia embarcado em uma van laranja. Felizmente, um jovem anotou a placa do veículo em que Ramírez escapou. A polícia obteve as duas informações.

O resto da investigação transcorreu sem problemas até que a polícia chegasse ao homem que tirou a tranquilidade das noites da Califórnia. Com os dados, as autoridades encontraram a van laranja abandonada e conseguiram extrair as impressões digitais que, ao serem comparadas com as informações do banco de dados, identificaram Richard Ramírez. Assim, em 30 de agosto de 1985, as autoridades descobriram o rosto do assassino, e os policiais foram procurá-lo com um mandado de prisão.

Naquele mesmo dia, Ramírez viajou de ônibus para Tuczon, no Arizona, com o objetivo de encontrar o irmão, sem sucesso. Quando voltou para a Califórnia, no dia seguinte, foi identificado por um grupo de mulheres que o viu passar na rua. Elas alertaram os seguranças do terminal rodoviário, que começaram a perseguição. Ramírez correu, mas não conseguiu escapar. Não conseguiu roubar nenhum veículo em sua fuga, e foi atingido com um cano por um morador local e imobilizado até a chegada da polícia.

As algemas

A justiça não veio cedo para as vítimas de Richard Ramírez. Foi somente em 22 de julho de 1988 que o julgamento contra o Perseguidor da Noite começou. Em sua primeira aparição, longe de demonstrar qualquer remorso ou angústia, Ramírez desafiou o público gritando "Salve, Satanás", e mostrou um pentagrama desenhado na palma da mão.

Durante o julgamento, os fãs de Ramírez se acumulavam. Enxergavam-no como um astro, uma estrela de rock. Doreen Lioy, que escreveu dezenas de cartas para Richard (75 no total), conseguiu o amor do homicida. Eles se casaram em 3 de outubro de 1996.

Antes disso, em 20 de setembro de 1989, Ramírez foi considerado culpado de treze assassinatos, cinco tentativas de assassinato, onze estupros e catorze assaltos. Em 7 de novembro de 1989, o juiz o condenou à câmara de gás da Califórnia. Ramírez, sem hesitar, disse aos repórteres: "Estou além do bem e do mal. Lúcifer mora em todos nós. Eu fui notado... Nos vemos na Disneylândia." Como declarou Frank Salerno, xerife de Los Angeles à época dos assassinatos de Ramírez, ele nunca sentiu arrependimento, nunca pediu desculpas às famílias de suas vítimas ou das pessoas afetadas. "Foi pura maldade."

No entanto, Richard Ramírez não chegou à câmara de gás. Enquanto esperava a execução, adoeceu com linfoma de células B, doença agravada pela hepatite C. Assim, morreu em 7 de junho de 2013, aos 53 anos. Seu corpo foi queimado por não ter sido reclamado por nenhum familiar, nem sequer a esposa, Doreen Lioy, que sempre achou Ramírez divertido, encantador e amável, e estava convencida de que ele era uma ótima pessoa.

Ele, um filho de Satanás. Ela, um claro caso de hibristofilia.

ESPOSA LOUCA

Afton "Star" Burton, de 26 anos, ficou famosa quando, em 2013, anunciou que se casaria com o líder de uma das gangues assassinas mais cruéis dos Estados Unidos: Charles Manson. O casamento nunca aconteceu e, após a morte do psicopata, em 2017, ela declarou que queria apenas exibir o corpo de Manson para conseguir dinheiro. Será que realmente o amava? Apenas ela mesma pode dizer se foi mais uma vítima de hibristofilia.

Ouça este e milhares de outros livros na Ubook.
Conheça o app com o **voucher promocional de 30 dias**.

Para resgatar:
1. Acesse **ubook.com** e clique em **Planos** no menu superior.
2. Insira o código #UBK no campo **Voucher Promocional**.
3. Conclua o processo de assinatura.

Dúvidas? Envie um e-mail para contato@ubook.com

*

Acompanhe o Ubook nas redes sociais!
ubookapp   ubookapp   ubookapp